刘 勃 主编

非物质文化遗产学术研究
亲历者口述史系列丛书

刘锡诚 口述

刘 勃 编撰整理

刘锡诚 口述史

中国文联出版社
http://www.clapnet.cn

图书在版编目（CIP）数据

刘锡诚口述史 / 刘锡诚口述；刘勍编撰整理. --
北京：中国文联出版社，2020.11
　　（非物质文化遗产学术研究：亲历者口述史系列丛
书 / 刘勍主编）
　　ISBN 978-7-5190-4431-2

　　Ⅰ. ①刘… Ⅱ. ①刘… ②刘… Ⅲ. ①非物质文化遗
产－保护－工作概况－中国 Ⅳ. ①G122

中国版本图书馆 CIP 数据核字(2020)第 232264 号

刘锡诚口述史

口　　述：刘锡诚	编撰整理：刘　勍
终 审 人：朱彦玲	复 审 人：曹艺凡
责任编辑：王柏松　张　甜	责任校对：潘传兵
封面设计：春天书装	责任印制：陈　晨

出版发行：中国文联出版社

地　　址：北京市朝阳区农展馆南里 10 号，100125

电　　话：010-85923035（咨询）85923000（编务）85923020（邮购）

传　　真：010-85923000（总编室），010-85923020（发行部）

网　　址：http://www.clapnet.cn　　http://www.claplus.cn

E－mail：clap@clapnet.cn　　　wangbs@clapnet.cn

印　　刷：北京新华印刷有限公司

装　　订：北京新华印刷有限公司

本书如有破损、缺页、装订错误，请与本社联系调换

开　　本：710×1000	1/16
字　　数：170 千字	印　张：16.75
版　　次：2020 年 11 月第 1 版	印　次：2020 年 11 月第 1 次印刷
书　　号：ISBN 978-7-5190-4431-2	
定　　价：35.00 元	

《非物质文化遗产学术研究——亲历者口述史》
系列丛书

总　策　划：刘　勍

总　编　撰：刘　勍

专家委员会

顾　　　问：刘锡诚

主　　　任：白庚胜

副　主　任：邢　莉

成　　　员：刘晔原　萧　放

　　　　　　江　帆　侯仰军

　　　　　　王锦强　白旭旻

刘锡诚先生与刘勃合影（2014 年）

刘锡诚先生在《非物质文化遗产学术研究——
亲历者口述史》丛书启动仪式上讲话（2017 年）

刘锡诚先生主持学术会议（2008 年）

"刘锡诚研究民间文艺六十周年研讨会"（2014 年）

刘锡诚先生在贵州黄果树督察非遗保护工作情况留影（2008 年）

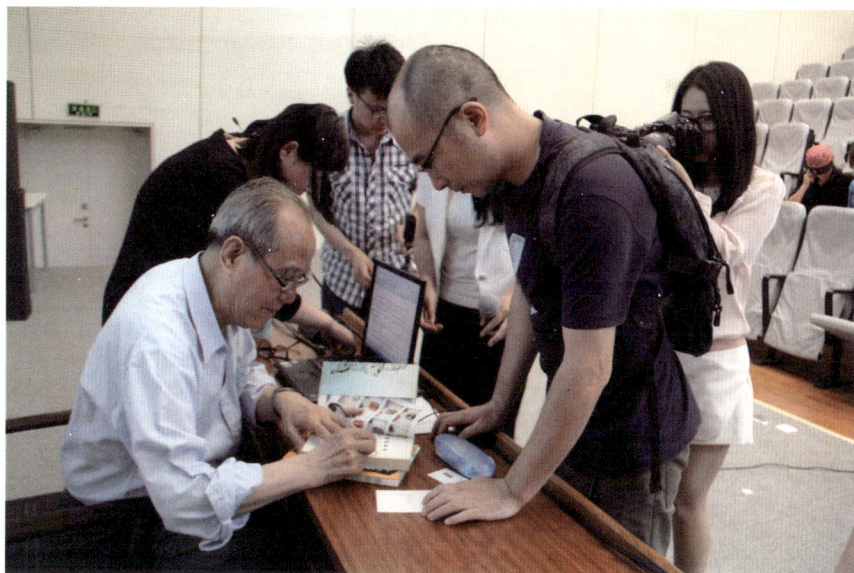

"21 世纪：民间文艺学的使命"讲座现场，刘锡诚先生与听众交流（2013 年）

沿着先行者的道路前进

2019 年是中华人民共和国成立 70 周年，在举国欢庆祖国母亲 70 华诞的热烈氛围中，十分高兴和荣幸于此时推出《非物质文化遗产学术研究——亲历者口述史》系列丛书。

迈入 21 世纪，凝聚了无数人的心血和奉献的非物质文化遗产保护成为举国上下努力的伟大文化事业。为了体现国家对优秀传统文化的重视态度和支持力度，展现我国非物质文化遗产保护从无到有、从有到优的艰辛历程，本丛书以开阔的视野、翔实的资料、全面的内容，力求立足学术理论、口述历史、大家角度，为读者讲述亲历者宝贵的非遗保护经历和故事。

非物质文化遗产是历史文化的重要载体。加强非物质文化遗产的保护、研究具有提高民族向心力、促进国家文化繁荣的作用。希望丛书成为我国传统文化伟大复兴的见证，成为我国抢救、保护非物质文化遗产浩然事业的一部恢宏记录，成为我国五千年文明历史所遗留的优秀传统文化在当代传承、发展的图卷。在本套丛书出版之际，我谨代表为丛书倾注心血、殷殷期盼的口述人，以及给予本书理论支持的学术委员会所有专家学者，以此出版成果祝福祖国繁荣昌盛，祝愿祖国优秀传统文化事业永葆青春。

以往·当下

我国拥有 5000 余年深厚的文化底蕴，是世界上唯一不间断文明传统的历史文化古国。中华民族是一个由多民族融合为共同体的民族。黄河流域是我国文明的发源地，农耕社会是我国非物质文化遗产的摇篮。在这片肥沃富饶的土地上，优秀的非物质文化遗产滋养中华民族一代又一代生机蓬勃地成长。因此，保护、传承、发展祖先留下的文化宝藏是每个中国人与生俱来的责任。

十八大以来，习近平总书记多次提出弘扬中华传统文化的重要性。他坚信："一个民族的复兴需要强大的物质力量，也需要强大的精神力量。"2019 年 7 月，习总书记在内蒙古自治区考察调研时，观看了史诗《格萨（斯）尔》说唱展示，并与《格萨（斯）尔》80 多岁的非遗传承人亲切交谈。他指出：党中央支持和扶持非物质文化遗产，要培养好传承人，一代一代接下来、传下去。

中国传统文化是中国文化软实力的内在支撑。在国家层面重视传统文化的语境下，非物质文化遗产、民间文化等相关领域得到了空前关注。多年来，国家在优秀传统文化，尤其是非物质文化遗产方面重点部署、持续发力。之所以如此重视传统文化和提倡文化自信，是由于文化承载着历史，传承至今成为一种文化传统，基于其过程则称为传统文化，我国具有丰富而深厚的传统文化资源，这是中国人为之自豪的民族基因和取之不尽的祖传宝藏。非物质文化遗产具有无形的、可传承的性质，使它的生命与它被接受的程度紧密相连。保护非遗的目的在于传承和弘扬中华优秀传统文化，其最终指归是民众自觉，文化自信，民族自尊，国家自强。

多年的耕耘，使我国非物质文化遗产的保护成效显著、硕果累累。我国列入联合国教科文组织非物质文化遗产名录（名册）的项目共计 40 项，总量位居世界第一[①]。国务院公布了我国四批共计 1372 个项目的国家级非物质文化遗产项目名录。国家文化主管部门先后命名了五批共计 3068 人国家级非物质文化遗产代表性项目代表性传承人。文化部在我国各地设立了 7 个国家级文化生态保护区。

随着我国保护工作的稳步推进，保护重点也在不断变化。近年来，非物质文化遗产保护的重点和难点在于：完善非遗保护的机制，加强非遗保护法制的细化，进一步加强非物质文化遗产的学术意义和学科建设……我国的学术发展和理论建设一向受到国家的重视。习近平总书记强调："必须高度重视理论的作用，增强理论自信和战略定力。"可见，非物质文化遗产保护更要考虑到振兴理论、复兴文化的时代重任，也有着迫切需要和现实意义。

---

① 截至 2019 年 12 月底。

大家·传承

　　学术研究应该在现实发展之前沿统揽全局，对于"非物质文化遗产"这个"年龄小的老同志"来说，我国"非物质文化遗产"学科建设和学术发展需要更大空间的提升。这其中很大原因是因为我国非遗的丰厚复杂，给学术研究增加了难度。非物质文化遗产是一个多学科交叉的学术领域，包含"民间文学""民俗学""民间艺术"等学科，我国的非遗理论专家也是从相应研究的学科和方向集合而来。若使非遗学术理论成为保护非遗的依据和支撑，需要加强学术研究、学科建设和涉及交叉学科的互动，丰富学术科研深度，才能更好地以理论指导实践。

　　新中国成立70年以来，老一辈传统文化研究专家、学者见证了非物质文化遗产的兴衰变迁，同时他们凭借自身的学术积淀、理论水平影响、促进着学科的发展。本丛书请到乌丙安先生、刘魁立先生、刘锡诚先生为访谈对象，他们是民俗学、民间文学、民间文化领域著名专家学者，皆为国家非物质文化遗产保护工作专家委员会的专家，并都获得了"中国文联终身成就民间文艺家"荣誉称号，是公认的学术大家。他们凭借丰富的学识和深厚的底蕴，为非物质文化遗产的本土化落地实施建言献策，为非遗的学术理论研究做出重要贡献，是我国非物质文化遗产的学术奠基人。

　　参照我国已推出的非物质文化遗产传承人的概念，非遗传承人是指掌握非遗技艺，凭借自己的习得、经验和创新、传承非遗的人。站在研究的角度上，专家学者对非物质文化遗产的原理、规律进行剖析、研究，对学生和后辈的教授和指导，也是一种传承行为。所以，专家学者既是非遗的发声人，也是非遗的传承人。没有他们的呼吁和鉴定，非物质文化遗产不易被挖掘和保护。没有他们的研究和教授，后辈很难学习和领会到非遗的重点难点和其中奥义。作为研究者，我们的目光汇聚在传承人身上的同时，也应该投入具有几十年研究经验的非遗学者身上。因为他们具有敏锐的目光和丰富的保护经验，他们是非物质文化遗产保护的呼吁人和先行者，他们为国家层面保护非遗建言献策，他们促进了非物质文化遗产更好地传承，通过对他们的口述史研究，能够进一步加强非遗保护的理论水平和实践高度。

缘起·始末

我在初出茅庐之时进入中国民间文艺家协会，得到了许多与学术大家、文化大家交往的机会。他们的帮助和提携，加速了我的成长；他们的谆谆教导，成为我人生成长中珍贵的养分。一直以来，我想将这种感受分享给更多的朋友，使更多年轻一代有听"大师说"的机会。所以我在心中埋下了"向大家学习、向经典致敬"的种子。

本书从 2016 年春节后开始策划，在未开展之前就得到了学界许多著名专家、学者的支持和帮助。2017 年初，在多方面设想和筹备下，开始相关工作的开展。2017 年 4 月，书籍项目组召开了隆重的启动仪式，成立了"专家委员会"。几年的成书过程中，为了保证书籍的学术眼界和质量，不断地召集学术研讨，听取专家的意见，及时修订书中内容。源于对本书的肯定，通过多家媒体跟踪报道，项目有幸获得了社会和学界的颇多关注。

前文谈过，非遗学者是非遗学科的亲历者，也是非遗的"传承人"，更是非遗学术的代言人。目前，本丛书选定非遗保护、研究领域的老一辈专家学者乌丙安先生、刘魁立先生、刘锡诚先生为对象，我有以下考虑：

其一，他们是非物质文化遗产研究领域的学术大家，不仅是第一批投入非遗研究的人，也是非遗学科发展的见证者，拥有丰富的保护经验及前瞻性的理念和观点。他们的身份和意见具有重要的意义，他们为非遗保护做出的贡献应该被铭记。其二，也是重要且迫切的原因，这几位德高望重的学术大家均已到耄耋之年，我们将目光落在保护非物质文化遗产的同时，也要将目光落在保护非物质文化遗产的人身上。几位大家多年的学术积累是非物质文化遗产学术研究的主要铺垫，应该把他们的人生历程和学术思想记录下来，进行"抢救性"学术保护。

基于此，本书坚持以人为本，将研究建立于学者本身，围绕着他们的人生历程和学术思想，本着"忠实记录"的原则，以他们的理论高度和宏观视角为基点，以他们的研究成果和保护经验为着力点，展现他们的个人经历和学术历程，着重体现了他们参与非遗保护、研究的经历，以及非遗研究的学术观点和体会。结合文本资料，运用口述史学的方法研究非遗的学术历史和发展，总结和提炼具有现实意义的非物质文化遗产保护特点和传承措施。

本套丛书一共四册，约 80 万字。丛书策划别具匠心，既包含了几位学术大家各自的口述分册，也设置了资料文本研究的非遗学术分册。口述分册从他们各自的角度为读者讲述和介绍了我国非遗保护的艰辛历程和不为人知的故事，解答了很多非物质文化遗产研究的关键问题。学术研究分册总结了非物质文化遗产的阶段性发展，梳理了我国 20 年非物质文化遗产保护实践工作的历程。《中国非遗保护与研究 20 年》作为本套丛书的首册，意图起抛砖引玉之用，是对我国非遗保护实践 20 年的整体研究，对保护经验进行了提炼，既可以成为口述分册时间、事件线路的对照和说明，加深读者对我国非遗保护足够的了解和印象，也是本套丛书的导引，精确对口述史非遗学术研究的定位。而后重头戏是口述内容的分册。分册以刘锡诚先生、刘魁立先生、乌丙安先生为排序，每人一册的设置，清晰、全面地展现了他们不同的人生经历和共同的学术奉献。

本套丛书历时 3 年余完成，历经了多重困难和突发情况，可谓一波三折。口述部分文字展现给读者达 50 余万字，实际搜集、整理的口述资料则超过了 60 万字。本书得到的体量和成果，是我最初策划时不敢想象的。虽然丛书做到了和时间赛跑，及时采集了几位非遗大家的学术理论观点和保护经验。但十分遗憾的是，乌丙安先生在留下珍贵的口述资料后突然辞世了。他的离开是民俗学学界和非遗保护领域的巨大损失，更是本书的遗憾。虽然已经采集下乌丙安先生生前宝贵的非遗口述资料，然而我还是觉得着手太晚，为乌先生做的太少，所以唯有更加认真谨慎。《乌丙安回忆录》将作为他最后一本口述史遗留，虽然乌先生不能看到图书的出版，但我坚持推出，我认为这是他学术生命的延续。

几位学术大家饱含热情、一丝不苟，为本套丛书的质量和高度筑好了第一道关卡。我则是为这套丛书守卫的士兵，成书过程中，我经历了设想、计划、实施、整合、处理、编辑、研讨等阶段，事无巨细，不厌其烦。本着精益求精的学术态度和要求，秉持着不变的初衷，难度不断加大，要求不断提高，内容一再完善、补充，最大限度地提高了本套书的容量和质量，增强了可读性和学术性。在几位大家耐心的支持、帮助下，我努力坚持下来，克服重重困难，精雕细琢、呕心沥血，最终完成全书。

未来·我们

2000 年至今，联合国倡导、各国积极响应的非物质文化遗产保护工作在全球范围内愈发重要。非物质文化遗产概念的出现使人们认识到，非遗与人类、非遗与自然、非遗与历史等范畴息息相关，非物质文化遗产的保护是人类发展进步的必要阶段，也将是长久的文化命题。放眼国际，我国是非遗资源大国，做出了中国榜样。矗立国内，非遗保护形式越发丰富，成果越发丰硕，并且，在非遗保护实践的推进中，各项方式方法、目标和问题不断完善、强调、修正，未来前景一片大好。

经历了举国上下积极保护非遗的 20 年，非物质文化遗产在我国已经成为一个知名的文化名词，具有强大的明星效应。通过大力宣传、推广非物质文化遗产保护工作，带动了优秀传统文化范围内各种类别和形式，如传统戏曲、曲艺、工艺等，使得"老传统"在新时代再一次焕发了生机，促使国人在非遗文化大潮中增加了对优秀传统文化的认识，提高了文化自信。

当下，我们正处在非遗保护的平缓期。进一步总结非物质文化遗产保护的经验教训，将是未来开展保护、发展非遗的重要工作之一。谈到发展，就要谈到两个问题，一是均衡，另一个是可持续。立足我国已经取得的非遗保护工作成绩：例如出台《非遗法》、建立起国家—省—市—县四级保护名录、命名了五批共3068 人的国家级传承人、设立国家文化生态保护区等宝贵的有效的经验，在国家层面的大力推动下，我国非遗保护体系完成了框架性和结构性的建设，正在逐步进行内部支撑的锻造。虽然完成了方向和路线上的定位，有不少未经注意的、细节处的、遗漏的问题有待进一步细化和填补。找到问题才能解决问题，比如涉及"民间文学""民俗"等门类和非物质文化遗产学术研究这种商业性薄弱但需要长时间投入、不能马上见效的范畴就处在保护"弱势"地位，更要增加关注度和保护力量。

非遗保护是一项长久的文化事业，要想不间断地延续下去，必须提前展望可持续发展态势。联合国教科文组织于 2015 年通过了《保护非物质文化遗产伦理原则》，成为近年保护工作关注的焦点。其从性别平等、尊重民族认同、保护非遗是保护人类共同利益等方面给予强调和确定，避免了实践中偏差和矛盾现象的产生。另外，可持续发展，还需要不断地扬长补短。我国非遗保护工作规模大、投入多、时间紧，不免暴露缺陷和问题。未来，积极查找漏洞、调整措施，在保护方法、状态上完成系统化、全面化的治理和平衡。坚持按照正确的保护理念、运用科学的保护方式，方可实现非遗保护常态化的可持续发展。

结点·起点

在中国文学艺术基金的资助下、中国民间文艺家协会的支持下，在学识素养俱全的专家学者指点引导下、赤诚仁爱的师长领导鼓励帮扶下，本书得以顺利出版，在此一并感谢。长期承托大家炽热的期盼，如今图书公开推出，可谓苦尽甘来，我也完成了一桩使命。而我，诚惶诚恐，丝毫不敢松懈。图书的出版也许不尽完美，还望各界师友多批评指正。希望读者们在书中找到真谛，能够在几位学术大家的口述之中有所收获。

之所以必须保护非物质文化遗产，是因其赋予我们的精神力量比物质给予我们的作用更大，其渗透给我们的是永久的、融入血液中的财富。在我国的传统思想中，尊师重道是中华民族的优良美德，向老一辈师长学习同样是获取精神力量的重要方式。乌丙安先生、刘魁立先生、刘锡诚先生是年高德劭的专家学者，是后辈学习者的榜样。丛书中他们的学术风范和治学态度，将是未来非遗人学习的典范。

人生一世，草木一春。学习是保持年轻活力的法宝。打造本书就是我学习的过程，我受益良多。然而这套丛书的出版并不是终点，恰恰相反，这是一个起点，它将是"非遗学术研究——亲历者口述史"系列的开端。我认为以"亲历者"的视角为非遗的学术发展做见证，为非遗保护实践做总结，可以推动非遗学术的进步和学科的建立，加固我国非遗保护的理论城墙。我会总结经验，整装出发，将系列形成品牌继续下去。

　　种瓜得瓜、种豆得豆，只有耕耘才能有收获。研究非遗是保护非遗的方式之一，希望越来越多的文化工作者和学术研究者汇入非遗保护领域中来，为非遗保护的理论建设添砖加瓦。我国的非物质文化遗产属于每一个中国人，需要民众躬体力行地主动加入非遗保护中来，努力去守护。希望本书的出版促进年轻人向大家和前辈学习、看齐，做有情怀、有担当的新一代，接过接力棒，成为非物质文化遗产保护的亲历者，继续为实现中华民族伟大复兴而努力奋斗。

刘　勍

2019 年 10 月初稿

2020 年 6 月修订

口述史的学术价值

　　作为学术研究的新方式，记录学者的口述具有崭新的价值。从中国学术传统来看，治学术与修史从来与典籍、文献相关联，缺乏典籍和文献，是没有学术史的。孔子修诗书，是在前人收集的民歌基础上删减而成，太史公司马迁写《史记》收集了先朝宫里留存的文献资料，近代以来的中国学者强调地上文献和地下文献相印证，所说的话斩钉截铁，毋庸置疑，就是因为要有实在的材料说话。学术实在是一个民族的千古大事，所谓"有一代之政教风尚，则有一代之学术思想"，不取决个人趣味。西方的古典学也基本上如此。就学术而言，亚里士多德可以说是西方学问之祖，他所著述的可称百科全书的著作，可以说是以后西学的典范。学术界作为西方文明的产物在中世纪（公元 350 年—1450 年）开始有发展。修道院是古老知识的贮藏库，隐士、修士和教士编写了已知的知识并精心制作了抄写书籍。这些古老的知识得以保存，安然度过黑暗时期。任何人要到修道院才可以学习有关古希腊及古罗马的事情及流传下来的知识。在修道院受教只限于想成为修士和教士的人。那都是典籍和文献当家的结果。在中国和西方学术的古典时代，学者个人的口述，只能作为旁证，列入注释，难以进入正史的。

曾几何时，学术风气发生剧烈变化。从古典学术到现代主义时代的学术风气为之一变。新历史主义倡导多元化和微史学，打破了文字典籍文献和考古文献两重材料建立的学术传统，引入了多样性的新史学书写体裁，口述史就是其中之一。口述史对于史学研究而言，并非全然颠覆传统史学体系，而是拓宽传统史学的视野，为传统史学提供了更多元的解释。口述史的到来，带来了史学研究的重大变化，还在于：史学研究只是写作一种文本，宏大叙事只是文本之一，微观叙事可以千变万化，史学研究具有多文本性质。因此，史学研究带来的结论就不是唯一的。口述史是后现代主义时代的产物，它具有亲历性、在场性，也具有个性、甚至偏见，是新历史主义倡导的多元叙事样本之一。口述史为学术传统开拓了个性化写作的广阔天地。

民间文艺领域的学术传统具有天然的现场性和田野性。民间文艺的口头性质，长期以来作为它的根本属性，是第一特征。它的口述性质与研究对象相伴相生。因此，口述史对于民间文艺研究来说极为熟悉，毫不陌生。例如，记录民间歌手演唱的史诗、歌谣、故事、笑话、谚语、传说等，都是口头叙述的。但是，即使在民间文艺研究方面，用作学术研究，学者的口述仍然是新生事物，特别是作为学术史，学者个人口述作为史料，在传统观念很重的中国学术界，还是很有突破性的。口述史的亲历和在场，为当代史研究提供了一种新的变文，成了一种意味深长的有趣文本。当然，这一文本既是亲历的和在场的，也是有限的和局限性的，甚至也可能是曲意附会的。

这本书的口述者是我国民间文艺学科及非物质文化遗产保护领域的学术大家刘锡诚先生。他与中国民间文艺家协会渊源颇深。1957 年他从北京大学毕业，进入中国民间文艺研究会（现中国民间文艺家协会）工作，至今致力民间文学研究和民间文化保护 60 余年。20 世纪 50 年代，刘锡诚先生成为新中国成立后最早开始民间文学普查行动的专家之一，他的田野调查步伐踏及我国边疆和少数民族地区，采集了大量民间文学文本及民间文化风貌，及时地保存了学术薪火。20 世纪 80 年代，他肩负起"搜集、整理和研究中国民间文学、艺术，增进对人民的文学艺术遗产的尊重和了解"的重任，在担任中国民间文艺家协会分党组书记期间，强调"中国民间文学三套集成"是全面开创民间文学事业新局面的第一项重点工作。在他的主持下，"三套集成"成为中国民协的工作重点，经过专家们严格要求和规范，民间文学的普查、采录、编纂有了科学性、明确的、学术性的操作，为长久实施打下基础。

怀着对民间文学、民间文化的深厚热爱，刘锡诚先生长期潜心研究，笔耕不辍。21 世纪初期，他深入探索非遗学术理论，思考、研究非遗的学术思想，辨析非遗的文化性质，总结保护范围、方法、措施等问题，成为我国非物质文化遗产保护的先行者。

2019 年，在第十四届中国民间文艺山花奖颁奖盛典上，刘锡诚先生获得"中国文联终身成就民间文艺家"荣誉称号。作为为中国民间文艺事业发展做出突出贡献的老一辈民间文艺专家，这个称号实至名归。

这本书的编者兼作者刘勃同志作为中国民协的研究人员，承担了中国文学艺术基金会关于民间文艺学者专家口述史的收集整理和研究项目，具有很大勇气，面对乌丙安、刘魁立、刘锡诚等大专家，听他们讲述新中国成立以来 70 年风雨兼程民间文艺界的历史、重大历史事件、重要历史关头、重要历史人物，无疑是非常有意义的，但也是非常有挑战性的一项工作。重要的是，每个人经历的这 70 年，是多么的不一样啊！这远不是书斋学者所能够想象的 70 年。这 70 年经过年近耄耋之年的学者讲述出来，对于民间文艺研究具有多么大的价值啊！这些讲述所包含着的人生苦痛、经验、智慧、见识、教训等，不是传统的史学著述所能涵盖，它坚持的个性化理解、洞见、偏激，也是寻常正史所缺乏的。

这是写作历史的一种文本，也是人生的一种书写方式，无论你是否喜欢，它都有存在的理由。民间文艺界需要无数亲历者的口述，它使我们身在其中的历史血肉丰满。

在这一研究工作即将完成之际，刘勃副研究员希望我写点什么，我很高兴。作为中国民间文艺家协会的领导人，刚一上任就遇到"协会管理人员是否能承担研究项目"的问题，我毫不犹豫予以支持。时至今日，我仍然十分鼓励工作人员既从事管理服务工作，又能够从事科研工作，这是民协的优良传统。民协成立 70

周年了，城头飘扬的旗帜无论怎样变幻，学术研究的颜色必须常在，这是民协的本色。

我衷心期望一拨拨民协年轻人都有学术研究和管理服务双肩挑的志向，也不断增强这一能力。为此，我冒昧借机把自己对口述史的一点浅见写在前面，若有不对，请批评指正。

邱运华

2020 年 5 月 8 日

（邱运华系中国民间文艺家协会分党组书记、驻会副主席）

目　录
CONTENTS

第一章

悠悠岁月，我的人生历程

003　　民间文学的启蒙及成长
007　　几番勤耕耘　硕果满园香

第二章

永葆初心，扎根民间文艺

013　　初入中国民间文艺研究会

016　　与著名民间文艺家的交往

021　　参加新中国第一次民间文学采风

026　　再入中国民间文艺研究会

032　　领导中国民间文艺研究会

035　　主持"民间文学三套集成"工作

045　　中国民间文艺研究会的历史贡献

第三章

我的治学和代表作

053　我国研究中国原始艺术第一人

058　来自艺术人类学的启迪

063　艺术人类学之我见

069　艺术人类学与非物质文化遗产的联系

071　难忘乡愁——对家乡民间文学的印象

075　史料是珍贵的研究基础

078　我的代表作《二十世纪中国民间文学学术史》

089　投身非物质文化遗产研究的信念理念

第四章

抢救我国民族民间文化遗产

093   民间文化是民族的根脉

097   我与"中国民族民间文化保护工程"

100   "中国民族民间文化保护工程"和非物质
文化遗产保护

105   编纂《中国民族民间文化保护工程普查
工作手册》

第五章

非物质文化遗产政策制定与评审

111　我承担的非物质文化遗产保护任务

120　担任国家非物质文化遗产专家委员会
　　　委员

126　北京市民间文学类非物质文化遗产传承
　　　人的评审情况

129　对北京市民间文学类非物质文化遗产的
　　　建议

第六章

民间文学类非物质文化遗产的研究

141　民间文学类非物质文化遗产的保护

145　民间文学的采集和非物质文化遗产的数字化保护

156　民间文学类非物质文化遗产的保护关键

160　民间文学类非物质文化遗产的保护困境

166　民间文学类非物质文化遗产的市场化保护

168　城镇化背景下的民间文学保护

175　民间文学类非物质文化遗产传承人老龄化的保护举措

第七章

非物质文化遗产的学术理论

181　　非物质文化遗产的学界行动

184　　民间文化与非物质文化遗产的学术辨析

187　　传承与传承人

193　　非物质文化遗产的学科化动向

196　　加强非物质文化遗产的理论建设

第八章

非物质文化遗产保护的实践与前景

203　　非物质文化遗产进校园

205　　非物质文化遗产的现代保护方式

210　　非物质文化遗产保护的工作方法

217　　非物质文化遗产的国外保护经验

221　　非物质文化遗产保护的难点和措施

226　　非物质文化遗产保护的问题和不足

229　　非物质文化遗产保护的成绩和未来

232　　后　记

悠悠岁月，我的人生历程

第一章

民间文学的启蒙及成长

刘　勃：您好！多年来，您致力于我国民间文艺学领域的理论与田野研究，取得了丰硕的学术研究成果。您出版了 20 多部著作，发表了千余篇论文，著述等身，在学界是公认的大家、前辈。

请您先为我们介绍一下您的求学经历和学术成长经历。

刘锡诚：我的少年时代是在战争离乱中度过的。我的老家在山东省潍坊市昌乐县朱刘镇郑王庄，村里没有高小，只有小学 1—4 年级，我的高小初始是在于留乡中心小学上的。1947 年夏秋开始了我的中学时代。半年之后，1948 年的早春二月，学校宣布解散，我回家务农，与父母朝夕相处。潍县战役之后，山东的形势发生了根本性的转变，家乡解放了，辍学的日子结束了，我被召回到昌潍中学继续上初二、初三。那时所有的学生都住校，我在新的生活环境下，全身心地投入学习和接受新的思想，很快于 1950 年 2 月加入了中国新民主主义青年团，1950 年 8 月考入潍坊一中读高中，1953 年 10

月高中毕业。

于是在 1953 年秋天，我这个没有见过世面、穿着农民衣服的 18 岁的农民子弟，提着一个包袱跨进了北京大学的校门，学的却是当年很时髦的俄罗斯语言文学。辉煌灿烂的 19 世纪俄罗斯文学和苏维埃精神滋养了我，给我打下了文学欣赏、文学史、文学理论、文学批评的基础，别林斯基、车尔尼雪夫斯基和杜布罗留波夫三大文学评论家对我的影响很深，使我走上了文学批评的道路。但我毕竟是农民的儿子，对农村的生活、农民的口传文学及民间文化的耳濡目染，已融入我的血液，深入我的骨髓，时时撞击着我的心胸，使我无法忘记。比如村子里老一辈的乡亲，夏天在树荫下、冬天在地窖里讲故事的场景，瞎子刘会友弹着弦子给村子里的老乡们说唱的情景，多少年过去了，仍然在我脑子里时常浮现。

1957 年初，我们的系主任、著名的未名社作家兼翻译家曹靖华教授担任了我的毕业论文的指导老师，他欣赏并同意我选择民间文学作为论文研究方向。于是我的民间文学研究就从那时开始。我在燕园的北大图书馆和民主楼的顶楼小屋里大量阅读了五四以后特别是歌谣研究会时代的丰富资料。曹先生是我的启蒙老师，他看我在民间文学研究上比较有悟性，不仅指导我毕业论文的写作，还给我介绍了工作。于是，1957 年夏天我北大毕业后踏进了王府大街 64 号中国文学艺术界联合会的大门，进入了中国民间文艺研究会（1987 年易名为"中国民间文艺家协会"）从事民间文学的研究工作。这是我踏入社会的第一步。

由于我在民间文学上没有读过专业，也就没有门派，是冷不丁闯进这个领域里来，青年时代同一个办公室的同事张紫晨先生就曾说过我"你还要另打出个旗帜来！"面对这种看待，我一笑置之。没有门派也有没有门派的好处，知识结构没有框框，不受拘限，在研究工作中不仅受益于我所从事过的文学批评的滋养，而且能够自如地吸收和包容不同学者不同学派的思想和方法。

1969 年 9 月，我下放到文化部怀来"五七干校"劳动。1971年 7 月从文化部团泊洼"五七干校"调到新华社，先后做过翻译、国际内参编辑、驻上海蹲点记者组的组长和驻北大清华蹲点记者组的组长。1977 年 7 月，我调到刚刚复刊未久、隶属于国家出版局的人民文学杂志社，参与了恢复"文革"中被解散了十年的中国文联和中国作协的工作。一年后转到复刊的《文艺报》编辑部，开始了我喜爱和追求的文学编辑与评论工作，先后担任编辑部主任等职，也有幸结识了一大批作家和评论家，和阎纲、张炯、毛星、李希凡等成为文友，为我贯通民间文学与作家文学打下基础。1983 年 9 月，调离《文艺报》编辑部，转回到中国民间文艺研究会担任书记处常务书记，继而任驻会副主席兼领导小组组长（分党组书记）。六年后去职，调到中国文联理论研究室任研究员。1997 年退休。

离职及步入老年后，我就干脆为自己起了个"边缘人"的别名，以"独立作者"自况。"边缘人"者，出自发表在《中华英才》1998 年第 10 期上的一篇随笔《边缘人》，此文发表后被《新华文摘》《读者》等多种报章杂志转载。我以"边缘人"自命，意在远离中心，事事作壁上观。民间文学研究和非物质文化遗产保护，成为我老年人生阶段的主要研究方向。三十多年来，我写作和出版了包括《中国原始艺术》和《二十世纪中国民间文学学术史》（上下册）两个国家社科基金项目，《民间文学：理论与方法》《民间文学的整体研究》《民间文艺学的诗学传统》《民间文艺学的学科建设》《双重的文学：民间文学＋作家文学》《民俗与艺术》等民间文艺学和民俗学著作，《在文坛边缘上》《文坛旧事》《小说创作漫评》《小说与现实》《河边文谭》等文学评论集，《非物质文化遗产：理论与方法》《非物质文化遗产保护的中国道路》《走出四合院》《追寻生命遗韵》《黄昏的眷恋》《芳草萋萋》等散文随笔集在内的 25 本著作，编选和主编了包括《中国新文艺大系·民间文学集》（1937—1949）、《中国民间故事精品文库》（10 种）、《中华民俗文丛》（20 种）、《中国民间信仰传说丛书》（10 种）、《中国非物质文化遗产图文藏典》（10 种）、《世界民间故事精品》（上下集）在内的一百多种选集、选本。

几番勤耕耘　硕果满园香

刘　勍：1957 年您毕业于北京大学俄罗斯语言文学系，毕业后您任职中国民间文艺研究会的研究和编辑人员，后在新华通讯社担任翻译、编辑、记者，还曾担任《人民文学》文学评论组组长，中国民间文艺协会分党组书记、副主席，以及《民间文学》《民间文学论坛》《评论选刊》《中国热点文学》等杂志的主编。您的职业经历非常丰富，请具体谈谈您的工作经历，以及这些经历对您学术研究工作带来哪些启发和影响？

刘锡诚：我 1957 年北大毕业后，进入了中国民间文艺研究会，先后担任《民间文学》的编辑、研究、组织和采录工作。1966 年 5 月，文联各协会工作停止，1969 年 9 月 30 日，我们悉数到了官厅水库边上的文联与戏曲学研究院组成的文化部"五七干校"改造，暂时告别了民间文艺研究。在干校一个月后，我又奉军宣队之命，按照当时的规定，转到了妻子马昌仪所在单位——中国科学院哲学社会科学部河南罗山干校，后又转移到息县干校，再后来又转回到文化部在天津的团泊洼干校，于1971年6月被第一批分配到了新华通讯社工作。

在新华社的六年间，也转过好几个部门，先是在翻译部和对外部做俄文翻译，继而在国内部做记者，担任驻上海蹲点记者组的组长和驻北大清华蹲点记者组的组长，最后在《国际内参》做编辑。由于学文学出身，不适应新闻工作，主动要求调离，于1977年6月调到复刊未久的《人民文学》编辑部，被任命为评论组组长。那时，中国作家协会还没有恢复工作，《人民文学》隶属于国家出版局。1978年6月《文艺报》复刊时，又转到了《文艺报》编辑部，先后担任了编辑部副主任、主任，主管文学评论。

1983年9月，是我人生道路上的一次重要转折。中国文联党组书记、文联主席和中国民间文艺研究会（以下简称"民研会"）主席周扬①，于1982年12月14日在自己家里召集了民研会主席团扩大会议，解决民研会的领导班子问题。决定请延安来的老干部梅冠华到民研会主持工作，在梅婉拒后，周扬和文联党组负责人重新物色人选。因为我过去在民研会工作过，于是又找到我。当时我是中国作家协会《文艺报》编辑部主任，我在《文艺报》工作得很好，《文艺报》几位领导冯牧、唐因和作协领导张光年也都不同意我去。后来有一次，我们在西山写第四次作家代表大会

①周扬，原名周运宜。作家、文艺理论家、文艺活动家。曾任中共中央宣传部副部长、文化部副部长、中国文联主席、党组书记，中国作协副主席等职。

的工作报告的那天晚上，冯牧找我谈话，他说："你的事我解决不了了。周扬是我老师。事不过三呀，我不能再顶了。你自己解决吧。"过了一段时间，民研会在西山召开第二次学术研讨会，让我去参加。会后，周扬当着中国文联党组副书记赵寻和新华社记者郭玲春的面做我的工作，要我到民研会去任职，我只好服从。回到《文艺报》后，稍作整理和收拾，就去民研会报到。我不懂政治，不懂人事程序，更没有任何私心，我离开作协，甚至没有向作协党组报告和得到作协党组领导的批准。当时我已是正处级干部，理应由党组讨论批准。就这样我转到民研会，开始了前后长达六年的行政工作。1990年，我离开了中国民间文艺家协会领导的岗位，到中国文联理论研究室担任了研究员，从此致力于文化史迹的研究、中国原始艺术的研究、民间文学学术史的研究。

2002年，冯骥才先生发动了民间文化抢救工程，稍后文化部于2003年启动了民族民间文化保护工程，2004年我国的民间文化保护工作与联合国教科文组织《保护非物质文化遗产公约》接轨，改成非物质文化遗产保护工作，"非物质文化遗产"一词开始进入中国官方文件和学坛。民间文学以及民俗学迎来了前所未有的大好发展繁荣时机，同时，也向民间文学学科和民俗学学科提出了挑战和问题。譬如，文化理念的转换与更新，非物质文化遗产与民间文学或民俗学在观念上的异同，历史观与价值观的一致性与矛盾性，非物质文化遗产的时代命运，保护政策与保护实践，等等。这些对于向来在"象牙塔"里、孤芳自赏的中国民俗学界来说，无疑都是一些新的问题，也是面临一次世纪性的考验与挑战。作为一个老民间文学工作者，我相继被聘为国家非物质文化遗产保护学术委员会委员和中国民协抢救工程专家委员会委员，自觉地打破了惯常的生活，走出书斋，应召参加了文化部组织编写的《中国非物质文化遗产普查手册》的编写与统稿定稿，继而参加了四批国家级非物质文化遗产名录及相关的国家级代表性传承人的评审（我担任民间文学组的召集人），还先后参加了一些学术性的评审、咨询、辅导、督察工作以及相关的学术会议，也撰写了若干篇与保护的实际工作有关的或纯属理论探讨性的文章，主要是民间文学普查、特性、申报、保护、传承与传承人等方面，研究内容为非物质文化遗产方面。

永葆初心，扎根民间文艺

第二章

初入中国民间文艺研究会

刘　勍：中国民间文艺研究会（中国民间文艺家协会的前身）是我国民间文学工作者的群众性研究团体，也是组织民间文艺研究活动的最高机构。您能否具体谈谈您在中国民间文艺研究会的经历？当时您的主要职责是什么？在民研会的经历是否为您的民间文学研究打下基础？

刘锡诚：我进入中国民间文艺研究会工作是我的导师曹靖华先生介绍的。1957年我毕业前夕，有一天，曹先生把我叫到他的办公室去，问我是否愿意到中国文联去工作，他说那里需要一个学俄语和文学的大学毕业生。我有点儿受宠若惊，当时就高兴地答应了。当年，曹先生是中国文学术艺术界联合会委员，所以就把我介绍到那里去。于是，1957年的秋季俄文系53级毕业班分配时，我是参加分配会议的唯一学生干部，当得知中国文联的名额并没有进入教育部的分配计划，主持分配工作的负责人建议我留校时，我坚守和曹先生的约定，毅然走出校门，到中国文联所属的中国民间文艺研究会去报到，从事民间文学的采录、编辑、研究和组织工作。

在大学学习期间，我就开始翻译一些民间文学动态、资料和理论文章，向《民间文学》杂志投稿。我所翻译的《苏联大百科全书》中有关民间文学的《谜语·笑话·仪式歌》，发表在《民间文学》1957年第2期上；《故事》发表在《民间文学》1957年第7期上。走出学校，到中国民间文艺研究会工作后，先是到研究部，在主任路工的领导下，除了翻译些民间文学文章和资讯外，便开始做研究、写文章，编辑民间文学理论书籍，比如《大规模地搜集全国民歌》（民间文学论丛之一，作家出版社，1958年）、《向民歌学习》（民间文学论丛之二，作家出版社，1958年）等，还有联系老专家、举办学术活动。1958年我就发表了许多文章，其中发表的翻译文章有：《高尔基论文学与生活的相互关系》（哈尔滨《北方》1958年第3期）、《马克思收集的民歌两首》（《啊，斯特拉斯堡！》《给爱人》）及《读马克思收集的两首民歌》（与马昌仪合作，《文学知识》1958年第4期）、契切罗夫《民间文艺学》（《民间文学》1958年第2期）、《苏维埃民间创作的历史材料》和古雪夫《论俄罗斯民间文艺学史的研究》（收录我所选编的《苏联民间文学论文集》一书，作家出版社，1958年），[①]《马克思恩格斯收集的民歌》（"文学小丛书"，合译，人民文学出版社，1958

---

① 刘锡诚先生审定并提供资料。

年）。在《苏联民间文学论文集》之后，还翻译出版了尼·皮克萨诺夫著《高尔基与民间文学》（中国民间文艺出版社，1980年）。1957年到1967年，在中国民间文艺研究会，我前后工作了差不多十年，其间1964年到山东曲阜搞"四清"运动一年，1960年至1961年到内蒙古伊克昭盟达拉特旗劳动锻炼一年。

与著名民间文艺家的交往

刘　勍：您能简要介绍一下您和著名作家汪曾祺在民间文化方面的交往吗？我知道民研会有过很多名人，您讲讲这些前辈对您在民间文化方面的影响。

刘锡诚：在民研会，给予我帮助和影响较大的有两个人，一个是《民间文学》编辑部的主任汪曾祺①，一个是研究部的主任路工②。关于汪曾祺的为人和为文，我已经写过好几篇文章了。1954年《民间文学》创刊时，他从北京市文联的《说说唱唱》调来的。他是《民间文学》实际上的编辑部主任，但在我的印象里，单位的领导从来就没有下达过正式的任命文件。每期《民间文学》的

---

① 汪曾祺，中国当代作家、散文家，对民间文艺及戏剧颇有研究。1954年秋到中国民间文艺研究会《民间文学》担任编辑。

② 路工，原名叶枫，俗文学家。18岁加入中国共产党，担任党的宣传干部。新中国成立后任中央文学研究所教员，中国民间文艺研究会研究部副主任等职。

《编后记》，都是出自汪曾祺之手，但这一点却没有人注意到，至今被湮没无闻。他每天坐在办公桌前，一边吞云吐雾，一边聚精会神地用毛笔蘸着红墨水改稿。座位旁边总是有个大麻袋，一篇篇废稿被他团成一团扔在麻袋里。经他的手改过并发表的稿子不计其数，杂志发表的第一篇阿凡提的故事就是其中之一。他在《民间文学》上发表的署名文章不多，理论文章用汪曾祺的真名，民间文学类的作品和评介则用"曾芠"这个笔名。他是西南联大的学生，行文受沈从文的影响。

我和汪曾祺来往很多，有 40 年的友谊。我至少写过六篇关于他的文章，其中两篇谈创作的，一篇是 1983 年写的《试论汪曾祺小说的美学追求》，一篇是 2010 年写的《一个抒情的人道主义者》。1997 年他逝世后，我把保存下来的 6 封信简给了他的家属，收录到他的文集中了。他的一生赢得了许多"桂冠"：编辑、作家、编剧、短篇小说大师。在他逝世前十多天，我们应诗人孙静轩之邀，一起去四川宜宾参加一个文学家的聚会，在成都双流机场等飞机时，他郑重地对我说，他在答复一位外国汉学家的提问时，把自己定位为"文体家"："在中国现代文学史上，我大概算得上是个文体家。"他选择了"文体家"，并戴着这顶桂冠匆促地然而又是安然地离开了人世。回想与他相识的四十个年头，无论 20 世纪 50 年代作为他的部下，还是 80 年代以来作为他文学上的小小老朋友，我历来敬仰他的才华和人品。他发表的每一篇作品，都引起我的注意和兴趣。80 年代我写了《试论汪曾祺小说的美学追求》的文章，不敢说做到了知人论世，却抒发了作为一个老部下和一个文学评论者对他及其作品的认识和情感。

比较起汪曾祺来，路工对我的影响更大。路工先生原名叶枫，浙江慈溪人，早年参加革命。解放战争时期在晋察冀解放区时，写了不少新诗，是一位充满革命激情的年轻诗人。进城后，曾在铁道报任职。后来中国作家协会成立，组建文学讲习所，丁玲任所长，会聚了许多年轻而有成就的作家，路工就到文讲所任教员，教授古典文学。他从此与中国古典文学结下了不解之缘。新中国成立初期他就结识了郭沫若、郑振铎、阿英三位喜欢买书、藏书的巨擘。他常到郑振铎先生家里向他请教访书、买书、鉴定古书版本的学问。从那时起，他就开始逛古旧书店，看书、买书、收藏书。琉璃厂、东安市场的那些古旧书店，是他常涉足的地方。后来，买书、藏书成了他生活的一部分，慢慢地，他也成了这方面的专家。

我认识路工的时候，他在中国民间文艺研究会担任研究部主任，同时又担任着文化部的访书专员，在郑振铎先生的领导下到各地访书。20世纪60年代，他调到文化部，在齐燕铭同志的领导下，专职为国家搜集古旧书籍。他除了到各地访书之外，也兼及古字画、古砚之类。他随走随写，曾以"访书见闻录"为总题，在《人民日报》《文汇报》等报刊上开设专栏，介绍他所见到的珍贵古旧书籍，引起不少读者的兴趣。20年后，即1985年他才将访书途中所写的这些短小文章结集为一部很有参考价值的《访书见闻录》交由上海古籍出版社出版。因为颇有参考价值，出版社第一次印刷就印行了8500册，发行量可谓相当可观。

我在他的直接领导下从事研究工作。1957—1959 年间曾两次跟随他到江浙一带去访书、买书，我们走遍了苏州、常熟、昆山、南京、上海、杭州等地的大小书店，为单位，也为个人买了不少古旧书籍。当时我是个初出茅庐的青年，在跟随路工先生到江浙一带访书的过程中大开了眼界，增长了许多见识，也结识了不少文化界名流学者。我学到了许多在课堂上和研究室里无法学到的知识，深深感受到了祖国文化遗产的丰富深厚，文化传统的源远流长，初步懂得了"学海无涯"这个成语的含义。这段短暂而丰富的经历，对于我来说，是终生难忘的。

在这些小书店里，路工先生发现和购买了许多有价值的古旧书籍。当时他的行政级别是十一级，每月工资 195 元。这个数字对我来说，已是高不可攀，可是他却时时感到捉襟见肘，入不敷出，常常不能当时向书店付清购书款。但凡他喜欢的书，即使身上没有足够的钱，他也不肯轻易放手。因此，常常见他和老板商谈，赊着账把书带回旅馆。回到旅馆后，废寝忘食地连夜翻阅；一旦决定要买下来的书，第二天一大早就直奔书店，告诉老板，等有了稿费时再付书款。那时，许多藏书家也大都是这样买书的。郑振铎和阿英先生也都曾用赊账的办法买过书。我记得路先生编的那本《李开先集》里的许多资料，大都是从赊购的古旧书里选出来，出版后再向老板们付清书款的。有一次，他编选的《明清平话小说选》出版了，一下子拿到了 2000 多元的稿费。他兴致勃勃地要我陪他去上海，除了和当时任新文艺出版社社长的姜彬等几个朋友下了几次馆子外，都付给了以前赊欠福州路上那些书店老板以结清书款，兜里立刻变得空空如也。再买书时，又欠了一笔新账。

1996 年的夏秋之际，我应邀到宁波参加一个文化旅游项目的论证，又顺便参观了由路工先生担任顾问的梁祝文化公园。20 世纪 50 年代，他出版过一部《梁祝故事说唱集》，对梁祝传说和说唱颇有学养。晚年，他担任了多年中国俗文学学会副会长，大部分时间往返于上海、苏州和家乡宁波市慈溪县，全力从事俗文学和良渚文化研究。整理出版了他收藏的清光绪年间的长篇吴歌《赵圣关》抄本，与人合编出版了《古本平话小说集》（上、下）和《访书见闻录》。至于他的藏书，劫难后已经所剩不多了，他把剩下来的古旧书籍和唱本，几乎都捐献给了他的家乡慈溪县。

这些有着深厚学养的大家，给了我更深的启发和影响。

参加新中国第一次民间文学采风

刘　勍：中国民间文艺研究会成立与新中国成立之初，从建会开始就组织开展大规模的田野调查，即"采风"活动。您能谈谈在那一时期民研会取得的成果吗？您印象最深刻的事情是什么？

刘锡诚：我到民研会工作，除了在办公室里辑录、研究、翻译而外，还在领导引导下多次深入到各地民间作采录调查，即中国古籍里说的"采风"。我国拥有五千年文明史，在民间文学的采集和研究上，形成了独到而丰富的文化学术传统，"采风"制度就是其中之一。

1958 年的春天，迎来了历史上的"新民歌运动"。3 月 22 日，毛主席在成都会议上发出关于搜集民歌的号召。他提出："中国诗的出路，第一是民歌，第二是古典。在这个基础上产生出新诗来。形式是民族的，内容应该是现实主义和浪漫主义的对立统一。"

我当时在中国民间文艺研究会研究部，职责就是搜集和研究民间文学。我和《民间文学》编辑部的老编辑铁肩同志在研究部主任路工先生的带领下，立即起身赶赴山东烟台的芝罘岛去做采风调查。我们深入到苹果园里，那里的果农正忙着在苹果园里剪枝、浇水、松土，我们与果农交谈，听他们唱歌吟诗，感受席卷全国、风起云涌的新民歌运动。

后来我和路工又从烟台转道到了南京，我们在江苏省文化局局长周邨、省文联主席李进（夏阳）的建议和指导下，来到了著名的吴歌之乡白茆。在白茆乡公所的办公室里，县文化馆和乡文化站的工作人员第一个就把陆瑞英找来。陆瑞英是乡里的卫生员，以唱四句头山歌在当地颇有名气。当时农村里人民公社还没有诞生，农村的主流建制还是高级合作社，我们是带着任务下来的：第一是要调查当地新民歌创编的情况，第二是搜集些新、旧民歌回去。新民歌创编的情况，是由乡里的负责人向我们介绍的。而搜集民歌，则主要靠陆瑞英给我们演唱。陆瑞英的嗓音甜美，被人们称为金嗓子。在20世纪五六十年代当地的万人山歌会上，人们常常能听到她的优美歌声。当时，农村大修水利工程，组织全市各地的农民们汇集一起挑土方，修水利，挑灯夜战，并开展劳动竞赛。作为会唱山歌的文艺骨干，陆瑞英被安排到工地上为民工们唱山歌，唱好人好事。在过去白茆塘的山歌对唱中，她曾经被推选为对唱的首席女歌手。她不仅积累了许多传统山歌，还有随机应变的能力，能够临场即兴编创。

1961年12月，我与同事李星华（李大钊的女儿），还有董森三人到李大钊的故乡河北省乐亭县调查采录民间文学。到乐亭后兵分两路：李星华留在县城和家乡大黑坨，请来村里的故事篓子单景荣、景玉兰等老太太和李采亭等老人讲故事。大家围坐斗室，聆听和记录下了《小黄狗拜月亮》《铁树开花》《张仙和火神的传说》等民间传说故事。我和董森则到海边的捞鱼尖采访渔民传说故事，渔民们在讲述中不时加入乐亭皮影和乐亭大鼓的表演，让人印象深刻。回城后在高航舟副县长办公室汇报情况时，李星华尽自己所知，把儿时父亲李大钊带她看皮影、写影卷《安重根刺杀伊藤博文》的记忆，还有皮影剧作家二高，雕刻家聂春潮，影界翘楚周文友、孙老兆，箭杆王张老壁等皮影艺人以及乐亭大鼓界温荣、齐祯、韩香圃等人的艺术风格、逸闻轶事，活灵活现地介绍了一遍。为使北京同志领略乐亭皮影的风采，乐亭影社为我们作了专场演出。看完《柳毅传书》和《火焰山》两个戏之后，一幕幕令人悲戚泪下、嬉笑捧腹的动人场景，直到上了火车，还久久萦绕在我的脑海里。

当年我们写了 21 页的调查报告，现在已经找不到了，我手头只剩 25 页的记录稿。保留下来的安庆长讲的《螃蟹的故事》《扳倒井的故事》《孟姜女的包袱》，有鲜明的渔民文化色彩。《螃蟹的故事》说的是牛郎织女会：到了农历七月七日，王母娘娘准许天上的织女和地上的牛郎相会。每到这天正午，使船的就打不着螃蟹了，相传海里的螃蟹都给牛郎和织女搭桥去了。螃蟹们一搭好桥，银河就通了，隔在银河两边的牛郎和织女，领着他们的孩子，就踩着螃蟹桥见面了。当时我在捞鱼尖访问了几个老渔民，除了年届 79 岁的安庆长老爷子讲的故事是螃蟹搭桥之外，其他人都说是鹊儿搭桥。安老爷子说，农历七月海货中螃蟹正多，但渔民网不到螃蟹，故有此传说。

1965 年 9 月初，我和董森决定到西藏进行民间文学调查和采风。我们从北京乘火车到达成都，第二天从成都飞往拉萨。那时的西藏，除了拉萨机场有一家国营的小饭馆外，全藏没有饭馆，我们在机场饭馆里吃了一顿饭，就到拉萨的西藏自治区内部招待所住了下来。拉萨市里没有公共交通，行动都靠两条腿走路。我们参观了布达拉宫、罗布林卡、药王山、八角街、大昭寺等，了解藏民的风俗习惯，看藏民的转经，与普通藏民接触，了解他们的一些风俗习惯。我还到错那县勒布区采过风：1965 年 9 月末，我们到了靠近中尼边境的错那县，这里是仓央嘉措的故乡。第二天一大早启程往祖国最西南端的错那县勒布区——门巴族聚居的山谷里进发。这是我西藏采风之旅的最后一站，也是最远的一站。

我们找了一位当地的向导——一位搞宣传工作的解放军同志，他正好要去勒布区办事。向老乡借了两匹性情温驯点儿的马，我骑一匹，我的同伴董森骑一匹。县里还给我们配备了一位看上去不到二十岁的年轻藏族小伙子跟着。我们一路上并不顺利，但沿路景色十分美丽。我们走过蜿蜒曲折的小路，还经过了旁边就是悬崖的路，其间遭遇暴雨。最后到达了一个我们叫做村的勒布时，一年之中有九个月大雪将其与祖国隔离开的门巴族人——手中拿着砍刀的男子，头部勒着箩筐背带的女子，都停下步来，用好奇的目光注视着我们。我们这两个不速之客，成了他们注意的中心。

除了他们的区委书记和文书两个人外，他们大概没有见过更多的汉人，更不知道这两个汉人到他们这个边远而寂静的小山村里来要干什么。

这个门巴族聚居的区，全区人口总数仅有 400 多人，且女性为多，其生产方式，多数人从事种植和畜牧，妇女多从事采集。我们向当地人调查门巴族的风俗习惯和民间文艺，还采访了一个偏远地区的老牧民，他脑子里装着很多有关门巴族的民俗知识。区委书记和文书自愿陪同我们走一趟。我们四人骑马去的，路上十分难走，一直到太阳落山时分，我们才来到了我们要采访的那个牧民的家。当他看见他们的区委书记给他带来了两个尊贵的客人时，非常热情地向我们施礼，并在屋子中央点起了火堆，把我们安顿在火堆周围，拿来了酥油和糌粑，让我们先吃晚饭。我们学着主人的样子，把拿着一小块酥油的手伸进装着糌粑的口袋里，抓出一把来，在手中捏来捏去，捏成团，然后送进嘴里。老牧民应我的要求，在明明灭灭的酥油灯和篝火的映照下，向我们讲述着他们民族的种种故事。霎时，我们便被带进了一个神秘而有趣的世界。我们被门巴人的古老的文化吸引住了。这次采风在错那县勒布区门巴族搜集记录的门巴族民歌，以《西藏门巴族民歌》为题发表在《民间文学》1965 年第 6 期上。

再入中国民间文艺研究会

　　刘　勐：您是什么时候离开中国民间文艺协会的？您能谈谈离开后的经历吗？离开后您又开展了哪些工作？取得了哪些成果？您又是什么时候回到中国民间文艺研究会工作的？

　　刘锡诚：1969 年 9 月，我在王府大街乙 64 号文联大楼里上班足足 12 个年头之际，对于我们这些同事来说，文联已经时过境迁。中国民间文艺研究会的所有干部，悉数到了官厅水库旁边的文化部"五七干校"，从而我告别了民间文艺研究。

　　我到了河北省张家口地区的官厅水库的北沿，从这里开始了历史书上记载的"五七干校"生活。我们干校名称叫"文化部五七干校"，我所在的连队三连，人员来自原中国戏曲研究院、原中国民间文艺研究会和原中国舞蹈艺术研究会。我的使命是从水库里取水和泥，干打垒盖房子，要在改造中自食其力。人们发现，除了脱坯盖房子外，这里似乎没有其他的生计可做。譬如并无寸地可供耕种。

1969年的秋冬寒露前后，塞外的官厅水库北岸已是寒气袭人。我正在文化部干校工地上和泥脱坯干活，突然间接到邮递员送来的一封电报，原来是我妻子的单位哲学社会科学部文学研究所的军代表发来的，要我立即返京。我拿着电报向连里请了假，便匆匆取道延庆县走山路赶往北京。到京后，文学所的一位姓薛的军代表向我宣布：文化部干校不带家属，学部的干部连家属一起到河南罗山干校。你跟我们走！你的将来由我们负责了！在一周内办好所有手续。和平里的宿舍住房要交出去。

就这样，一封电报和一次简短的谈话便改变了我的命运，单位没有了，住房没有了。拉家带口到河南罗山干校去，从此在北京连个落脚的地方都没有了。我和妻子、七岁的女儿、三岁的儿子一家四口，随哲学社会科学部下放河南的干部一起，乘火车远赴信阳。中途在明港下车，在那里的一所步兵学校里暂住几天，然后乘汽车转到罗山干校所在地。在罗山县一个劳改农场里住了一个月左右之后，我们到了所要去的东岳公社，那是一片广袤的荒地，几无人烟的地方。单身的下放干部，包括何其芳、钱钟书、吴晓玲等老专家，用汽车直接拉到了荒凉的东岳草滩上。他们在这片草滩荒地上扎帐篷，打地铺，安营扎寨，脱坯盖房，白手起家建设干校。带家属的下放干部，则在公路边上一个叫做包信的公社所在地下了车。过了一些日子，家属队的，包括俞平伯夫妇、美学家蔡仪和乔象钟夫妇等，统统搬迁到东岳公社所在地那个村子里去住。新的驻地与劳动工地之间隔着一条壕沟，直线路程只有四五里，早晚上下工非常方便。

我一家四口被安置在这条街面上一间年久失修的破旧门面房里，对面是村里的供销社。估量一下，五六平方米的样子。临街开了一扇大大的门，没有窗户。过了些日子，连部又把我们转移到了公社大院后院的一间空闲的房子里。那里已经住着文学所的王镇和她的女儿和冯志正夫妇一家，我们来了，两个孩子也有了上学的同伴，他们感到特别的高兴。其他学者，比如俞平伯夫妇被安排在一个大水湾（水塘）的岸边，一间闲置已久的没有院落的空房里。为了解放劳动力，让所有的干部都无后顾之忧地参加劳动，连里在村子里办了一个托儿所。蔡仪先生的夫人、古典文学研究者乔象钟先生被指定为幼儿教师，当起了孩子王。她很热爱这项事业，全心全意照管和教育这些孩子，与孩子们的关系十分融洽，很受孩子们的尊重。

1971年作为学部五七干校的一名家属，我与已经解散了的中国文联和中国民间文艺研究会的同事们，以及他们下放的文化部干校完全失去了联系。苦闷之中，我决定离开学部干校，回文化部干校去。同妻子商量后，决定把女儿刘青留给她。我带着四岁的小儿子，先去北京又到天津，费力找到了文化部静海五七干校。

我到三连军宣队见到了孙参谋和晏甬连长。晏甬是著名的戏剧家和教育家、延安来的老干部，我转赴河南学部干校，就是经他同意才放行的。他对我的到来，没有一句微词。晏甬同志年岁大了，而连长的主要职责是指挥生产、带头劳动。孙参谋看过我的人事档案后，知道我这个人历史简单，家庭出身也没有问题，就要委任我代替晏甬同志出任连长。虽几经推托，还是拗不过军宣队的决定。但我有言在先：只领导生产。年轻人的活主要在田里。我每天背着孩子带队出工，把孩子放在田埂上，带领大家学习后，就挽起裤脚，带头下地干活。当这个连长，还要根据农时的变化，谋划该干什么活儿，跟农村的生产队长没有什么两样。1971 年 9 月 16 日晚，军宣队召开紧急会议后，文化部静海干校立即选址迁移。

到 6 月份我得知已经被分配工作了，单位是新华通讯社，1971 年 11 月 5 日，我离开干校，开始了第二段人生。我在新华社工作了五年，由于不适应新闻工作，1976 年夏天要求调到复刊不久的人民文学杂志社，1978 年夏《文艺报》复刊，我又转到了《文艺报》编辑部。从《文艺报》再次调回到中国民间文艺研究会，是在 1983 年秋天的事。前面已经简单说了，现在详细说一下我回民研会的过程。

1983 年 3 月 20 日，是老民间文学研究学家钟敬文教授的 80 寿辰，年初我约老先生写了一篇《我的民间文艺生涯 60 年》的文章，在《文艺报》上发表。同时，我给周扬同志写了一封信，告诉他钟先生 80 寿辰的事，建议他给钟先生写一封信表示祝贺。周扬果然给他写了信，称赞钟先生"成就卓著，众所共仰"。4 月初，全国民间文学工作者聚集在西山一处开会，延泽民同志邀我去开会，我便向大会建议为钟先生开一个他从事民间文学研究教学 60 年的祝贺会。我的建议得到同意，定了 10 日开会，我自告奋勇去请周扬来参加并讲话。周扬见了面问我："称钟敬文'先生'好，还是称'同志'好？"我立即就去探钟先生的口风。钟先生对周扬能来参加为他召开的会议，非常高兴，毫不犹豫地对我说："就称同志！"那天，我还代为请了林默涵和林林同志。周扬在会上讲话，热情地叙述了和钟老多年的交往，称赞他对民间文学事业的忠诚和贡献，对钟先生作为一个知识分子，一生靠近革命，矢志不渝地献身民间文学事业取得的卓著成绩，表示了热烈的祝贺，并给了很高的评价。

会后周扬同志要我坐他的红旗车与他一起走，在周扬同志的车上的，还有中国文联党组副书记赵寻和新华社文教记者郭玲春。周扬对我说："民研会现在缺一个领导人，要请你到民研会去工作。你怎么还没去？"对于周扬的问话，我虽然已有思想准备，但我仍然没有当场答应他。我想我在《文艺报》工作得好好的，又担任着编辑部主任，干吗要调工作。但当我一想到从去年夏天贺敬之同我谈话以来，作为老领导、作为民研会主席的周扬，一直在等待着我的回答，我心里确有些不忍。想到这里，我再也没有说什么话，车里的空气显得沉闷起来。

不久，中国作协要召开第四次作家代表大会，8月初冯牧带上当时在《文艺报》工作的唐达成、谢永旺和我，还有《人民文学》的涂光群，到西山国务院的一个招待所，去起草工作报告。有一天晚上，冯牧递给我一份周扬同志给他、贺敬之和赵寻的信，要我看。我看了，上面有周扬的批示，是催我到民研会去的，周扬还特别写了一句话："请冯牧同志大力帮助。"冯牧是我十分尊敬的领导，是《文艺报》的主编，我在他直接领导下工作的五年来，非常愉快，人生难得遇到这样一位知人善任、体谅下级、爱护下级、作风民主，而又知识丰富的学者型的领导，但他也不愿去得罪他的老师和领导。主持《文艺报》工作的副主编唐因，非常激动地反对我离开。但事已至此，我似乎已无可选择，只有到民研会去了。后来我才知道，我离开《文艺报》的事，并没有经作协党组讨论，听说张光年同志从外地休养回京后，很是生气。在我到文联和民研会报到的时候，文联党组副书记赵寻当面把1982年12月14日在周扬家里开的民研会主席团特别会议的记录交给了我。从那份会议记录里，我才知道了周扬何以要调我到民研会去的原委。尽管我心里一百个不愿意，尽管有作协领导的挽留，尽管有钟敬文老先生的叮嘱，但周扬是文艺界的老领导，在他面前，我恪守老实听话的家教，只好硬着头皮离开了我热爱的《文艺报》，踏上了民间文艺工作老路，重续民间文艺的因缘。这一去又是八年。

领导中国民间文艺研究会

刘　勍：在您作为中国民协负责人时期，做了很多影响至今的重要事件，如1984年在峨眉山主持召开民间文学理论著作选题座谈会；开展中国与外国学者联合进行民间文学的考察活动；组织将中国民间文艺研究会更名为中国民间文艺家协会等重大活动。

您能具体谈谈这些事情吗？谈谈您在这些事件中做了哪些具体工作？

刘锡诚：1984年5月，为了贯彻落实中国民研会三届二次理事扩大会的精神，我在峨眉山主持召开了"民间文学理论著作选题座谈会"。当时的主要想法就是要把大家引导到学术研究上。根据会章规定和郭沫若、周扬等领导人的历次讲话精神，中国民间文艺研究会的主要研究对象是民间文学，但也应当承认民俗学在人文学界有一定的地位。尽管就我个人的观点而言，我不赞成把民间文学包含在、至少不完全包括在民俗和民俗学之中。出席座谈会的有六十多个民间文学研究者，声势很大，会上放了钟敬文为这个会制作的录音讲话。我提出了建设中国特色的马克思主义指导的民间文艺学的口号，民间文学研究不要停留在"通用机床"的模式上，要提倡搞专题研究。全国各地的包括在高校教书的老师们都报了选题，制定了全国民间文学研究的选题规划。这个会议对推动民间文学理论研究起了很大的作用，会后纳入选题计划的许多理论研究项目，或以著作或以理论文集的形式陆续出版了。

在我的提议和策划下，会上成立了中国神话学会，选举神话学家袁珂为主席。规划中提出编写两套书：一套是"中国民间文学理论建设丛书"，出版了钟敬文的《新的驿程》（1987）、我的《原始艺术与民间文化》（1988）、马学良的《素园集》（1989）和姜彬的《区域文化与民间文艺学》（1990）等；另一套是"中国民间文学专题资料丛书"，没有采用丛书的名称，出版了《阿纳斯》《格萨尔》等许多资料本。也就是在这时，开始了中外民间文学的学术交流活动，包括1984年乌丙安、张紫晨去日本访问，扩大了当时民研会工作对学界的影响。

刘　勍：您当中国民间文艺家协会分党组书记期间，有哪些决断是关于抢救保护民族民间文化的？

刘锡诚：1984年11月，我在中国民间文艺研究会第四次会员代表大会所作的工作报告《民间文学工作者在新时期的任务》中，强调"我们必须对民间文学的文化属性建立一种马克思主义的正确的看法"，并再次阐述了中国特色的马克思主义的民间文艺学的方针："在新的历史时期我国民间文学工作的方针是什么呢？简要说来，就是：全面开展搜集和抢救工作，有步骤地加强理论研究，尽快提高学术水平，建设有中国特色的民间文艺学，全面开创社会主义民间文学事业的新局面。"在代表大会和理事会上确定下来的这个新的民间文学工作方针指导下，我们就加强理论研究采取了许多措施，召开了学术理论研讨会，如青年民间文学理论家学术会议、深圳全国民间文学理论学术研讨会、《格萨尔》学术研讨会、中芬民间文学学术研讨会等，各分会创办期刊和报纸，并前后召开过两次全国报刊座谈会等，促进民间文学学术理论的前进和提升。

据 1985 年 7 月第一次民间文学报刊会议统计，公开发行的全国民间文学期刊十二种，内部发行的期刊八种，公开发行的报纸两种，内部发行的报纸两种。研究机构也有很大发展，到 1987 年 5 月 14 日召开的中国民间文艺研究会工作会议时，全国有 43 所高等学校开设了民间文学课程，各省、市、自治区的社科院、文联、艺术馆和高等院校，相继建立了民间文学研究组（室），形成了一支可观的民间文学研究队伍。据我的统计，1983—1989 年七年间出版的民间文学理论著作（包括论集）达 169 种。客观地说，这是过去时代所没有的①。

①本段数据由刘锡诚先生提供。

主持"民间文学三套集成"工作

刘　勔：1984 年文化部、国家民委、中国民研会为抢救民间文学遗产联合发起中国民间文学普查和《中国民间故事集成》《中国歌谣集成》《中国谚语集成》三套集成的编纂工作，对我国各民族、各地区的口头文学进行了拉网式的普查，获得了海量的第一手口头文学资料。作为中国非遗保护和民间文化抢救工作的开拓者，您始终心存知识分子的使命感、责任感和担当意识。您详细说说您在其中做出了哪些工作和努力？

您先谈谈您认为编纂"民间文学三套集成"对我国民族民间文化遗产的贡献是什么？

刘锡诚：编辑多卷本的"中国民间文学三套集成"是一项普查、搜集、整理、保存和发扬我国各民族、各地区 20 世纪八九十年代流传在民众口头上的民间文学的一项宏伟的计划。这项工作的动议，最初是在 1981 年民研会常务理事扩大会上提出来的，得到了中央一些领导同志的肯定和支持。而真正成为一项国家文化工程，则是在我于 1983 年 9 月被调到中国民间文艺研究会担任书记处常务书记和党的领导小组组长，主持研究会的全面工作之后的事情。

由于一些具体问题，初期进展比较缓慢。在中国民间文艺研究会向国家文化主管部门征求合作意向时，由于民间文学专业的归属问题等原因，双方一时间没能达成共识。直到 1984 年 5 月 28 日文化部、国家民委、中国民间文艺研究会三家正式签发了《关于编辑出版〈中国民间故事集成〉〈中国歌谣集成〉〈中国谚语集成〉的通知》，普查、编纂工作才得以陆续在全国铺开。

刘　勍：您具体谈谈三套集成工作开展的情况和您主持工作的经历。

刘锡诚：开始我还是《文艺报》的编辑部主任，在民研会是兼职，但作为中国民间文艺研究会临时领导小组成员，我应邀参加了 1983 年 4 月中旬中国民间文艺研究会在西山举行的第二次学术讨论会，并受领导小组的委托在会上作总结发言。我在发言中阐明了编辑出版"三套集成"工作在中国文化史上的开创意义，指出各民族民间文学工作者对这项工作有不可推卸的历史责任，鼓励全国民间文学工作者积极地、科学地参与和完成这一伟大的工作，不辜负全国人民的殷切希望。讲话还对未来工作做了部署。这次会议上确定了周扬为"三套集成"总主编，钟敬文、贾芝、马学良担任各部集成的主编。但文化部、国家民委和中国民间文艺研究会共同签署文件的过程并非一帆风顺，因为文化部没有分管民间文学的部门，部领导对如何进行对口合作颇有顾虑。为了争取到他们的支持，我和中国民间文艺研究会书记处的同志们想方设法，竭尽所能，多方斡旋，最终得到文化部主管民族文化的部领导丁峤的支持，由文化部少数民族文化司出面，促成了文化部、国家民委和中国民间文艺研究会共同发文，使三套集成成为由文艺团体发起主办、两个政府主管部委全力支持的重要国家文化工程。

1983 年 7 月，在我的主持下，在山东召开了第一次民间文学三套集成全国工作会议，研究决定了三套集成工作机构和工作步骤等问题，培训了第一批干部。1984 年 3 月 20 日，云南省召开民间文学三套集成工作会议，为中国民间文学三套集成在全国铺开，拉开了序幕。我应邀参会并在会上发表讲话，阐述了编纂三套集成的文化意义后，讲了编纂三套集成的一些重要原则，当时我指出：编纂"集成"是一项有 29 个省市自治区文化界许多同志参加的巨大集体工程，必须遵循一个统一的指导思想和全面规划，有步骤、有秩序地开展工作。这个指导思想就是马克思主义的唯物史观。虽然民间文学中也有一些不健康的东西，有的民间文学刊物追求新奇、怪异，用某些不健康的东西来冒充民间文学，在群众中造成混乱。如《宣传动态》上剖析过的《故事报》就是这样。民间文学的特点，不是新奇、怪异，其风格、特点应当是朴素的，怎能将其朴素偷换成新奇怪异呢？还有一点，民间文学是千百年流传下来的民众创作的口头文艺作品，不可避免地带有两个东西：一个是民间文学主要是劳动群众的创作，反映的是他们的生活，表达的是他们的价值观、道德观和是非观，总体上说，是民族精神的载体。另外一个，他们也受到统治阶级的思想影响，不可避免的有历史的局限性。在民间文学中，这两种倾向或因素，应当运用唯物史观加以批判地研究。对待历史上流传下来的民间文学，若不运用唯物史观去分析，就会陷入谬误。云南有一些比较原始的东西，包括兄妹婚、血缘婚等，这些现象在今天看起来可能是不可思议的，但在古代某个时期却是合理的，所以我们必须运用历史唯物主义的立场观点来分析。我们只要在这一点上取得统一，我们就可以在某些文化现象上通过讨论找到解决问题的钥匙。

要共同遵守"民间文学三套集成"的普查和编纂中提出来的"全面性、科学性、代表性"原则，三者不可只强调一点，而要统一起来。在这个"三性"问题原则上，还有大量的实际问题要讨论研究。"集成"的编纂工作，云南已经搞了一个初步的设想，可以作为讨论的基础。我们两个同志到日本去学习回来，他们介绍了日本人对我们的看法，当然其中有一些是瞧不起我们的，但也有羡慕我们的，说我们中国提出搞"三套集成"是了不起的，在日本办不到。我们能够有组织地、自下而上地普查和编纂"民间文学三套集成"，日本的确办不到。当然我们也有我们的缺点，我们不能夜郎自大。过去，日本人搜集了十万个故事，我们中国有多少？现在我们还心中无数，不清楚。通过编纂"集成"能开创民间文学工作的一个新局面。"集成"工作是中国民间文艺研究会今后若干年的重点工作之一。除了"集成"以外，我们还要加强理论研究工作，"集成"的普查和编纂工作中就贯穿着大量的研究工作。

1984年9月，在云南再次召开工作座谈会，讨论了普查、采录、翻译工作的原则等问题。1984年11月，又在中国民间文艺研究会第四次全国代表大会的工作报告《民间文学工作者在新时期的任务》中，再次就三套集成的文化性质等问题作了阐述，并将编纂三套集成工作列为全面开创民间文学事业新局面的第一项重点工作。

这一阶段三套集成的工作进展和所取得的成绩，得到了中宣部的肯定。中宣部于1985年11月下达《转发民研会〈关于编辑出版中国民间文学集成第二次工作会议纪要〉的通知》，请各地党委宣传部、文化厅、文联关心、支持并督促各地民间文艺研究会分会做好三套集成的编辑出版工作。自此，三套集成工作走上正轨，在全国各省区市轰轰烈烈地开展起来，实现了新中国成立以来第一次包括56个民族在内的全国各省区市民间文学普查。在这次普查中，全国共采录到民间故事137.5万余篇，歌谣192万余首，谚语348.5万余条，记录下了20世纪末"活"在全国各民族民众口头上的民间文学的口述文本。

刘　勍："三套集成"的学术部分是怎么体现的？

刘锡诚：我设计、主持编纂了《中国民间文学集成工作手册》。在三套集成工作的组织、启动阶段，我除了负有各项工作的领导责任外，对普查、采录、编纂工作的指导思想和原则也作了学术层面的思考，并将来自各方面的、与之相关的学术观点作了清晰的、明确的、科学的梳理，从而为起草编纂《中国民间文学集成工作手册》提供了扎实的科学的理论依据。

我在 1985 年 6 月召开的全国第二次集成工作会议上作了题为《统一认识、协同工作》的报告，提出了民间文学是一定时代、一定社会生活的产物，一定范围的人民群众的思想观点，我们的任务是把它们搜集起来，加以研究，对其中优秀者，加以发扬光大，而不是用我们今天的观点去修改它。如果我们用狭隘的眼光去看待民间文学里描写的原始状态，当然就不可能得出正确的结论。比如明明是兄妹婚姻，偏要改成不是兄妹婚姻，这种随意乱改民间文学作品的现象，将使历史变得面目全非。我们不能这样做，应当恢复历史的本来面貌。如果我们不坚持历史唯物主义，我们的民间文学事业将会走上歧途。

另外对传统民间文学的文化性质和文化属性发表了看法："只要是现在还被广大人民群众所接收、所喜爱、所传颂、所传承，还在民众中广泛流传的，对人民群众有益的民间文学作品，就可以算作是社会主义文学的组成部分。"我认为，对待民间文学作品，不可以人为地拿我们今天的思想去修改它，使之适应于今天的政治需要。明确定位了三套集成的性质，即："三套集成不是一部文艺读物，不是一部适合思想教育要求的读物，而是一部具有高度文学欣赏价值，又具有高度的学术研究价值的民间文学总集。"

这些观点和论述，后来都吸收在我参与主持和指导下由专家们集体编写的《中国民间文学集成工作手册》中。

刘　勍：在非遗保护工程开展之前，民间文学的"三套集成"、文艺界有名的"十套集成"都是我国很有名的文化项目。我知道中国民间文学三套集成工作开展了很多年，过程可谓是磨砥刻厉、挖井见泉，您能给我们介绍一下"三套集成"的工作部署和领导经验吗？

刘锡诚：中国民间文艺研究会是民间文学三套集成三个主办单位之一，是实际实施单位，文化部、国家民委只是主办单位，但不负责实际工作的执行和指导。而编纂民间文学三套集成这样巨大的文化工程，只靠钟敬文、贾芝、马学良三位聘任的故事卷、歌谣卷、谚语卷的兼职主编和各位主编聘任的副主编的业余工作，是无法胜任的，我们就适时地建立起了实体的工作班子——中国民间文学三套集成总编委会办公室，赋予总编办协助主编和编委会实际执行普查、编纂、出版、培训、协调和指导各地等各项工作。在集成的发动、组织、学术和其他各方面准备工作上，总编委会及其办公室发挥了很大作用，具体的编纂工作由主编负责。

1986 年 1 月 3 日，在北京召开了有文化部、国家民委、中国民研会负责人参加的联席会议，听取了 1985 年集成工作汇报，审定了 1986 年集成工作计划，决定当年第一季度成立总编委会。会上决定，总编委会办公室在主办单位中国民间文艺研究会的领导下，代表文化部、国家民委负责处理集成日常工作。

1986 年 5 月 20 日至 27 日，在北京召开中国民间文学集成第三次工作会议，会上决定成立由中直及各省、自治区、直辖市有关人员组成的全国编辑委员会；确定三套集成副总主编名单；宣布并通过三套集成各卷副主编名单；讨论了三套集成编纂细则，责成总集成办公室根据讨论意见对编辑细则进行修改定稿；全国艺术科学规划领导小组组长周巍峙代表领导小组宣布，接纳中国民间文学三套集成与其他 7 部艺术集成志书并列为"十套民族民间文艺集成志书"，并向国家申报列入国家五年计划的文艺重点科研项目。

总集成编委会办公室第一任主任马萧萧，第二任主任贺嘉，第三任主任刘晓路。地方上的三套集成办公室也相继成立起来，使集成工作走上轨道，顺利开展并完成。

刘　勍：您给我们讲讲"三套集成"编纂过程中的情况及完成时间。

刘锡诚：在普查、采录基础上积累起来的三套集成资料在中国文化史上是百年不遇的大事。我对这些资料的汇集出版和保存工作格外珍视。基于我自己的经验和从前辈们学术活动中学到的方法，以及"文革"中造成的资料流失情况，我提出："我们应当有计划、有系统地出一些资料本。在搜集、普查的过程中，我们要采取不同的形式编印一些资料本，这样就不易失散了。我们中国民间文艺研究会的任务主要是两个，一个是出人才，一个是出成果。成果包括公开出版的书、内部资料和研究著作。"在我的倡导下，三套集成总编委会决定，在原定的主要编纂"省卷本"的基础上，又在《中国民间文学集成工作手册》中增加编辑县资料本的要求，并在各地县卷本编纂过程中进行督促和给予具体指导。正是这个举措，有了最终的数千种县卷本，尽管最终并没能完成全国所有的县（区）都编印出各自资料本的任务，但是这个成果已经足以让世人惊叹，成为中华文化史甚至世界文化史上卷帙最为浩瀚的民间文学的文字记录。

在民间文学三套集成的全部普查、编纂、出版工作中，我只是前半段（1983—1990）的参与者和主持人之一，1991 年 2 月，我调离中国民间文艺家协会，同时也就告别了三套集成工作。

2009 年民间文学三套集成和其他七部文艺集成志书都完成了，同年 10 月 13 日召开了"十部文艺集成志书全部出版座谈会"，我在发言中说过这样一段话：作为当年主持民研会工作和制定集成文件的负责人，我有责任说出一些历史真相，除了那些载入扉页的名字外，不要忘了还有几位老前辈的功劳。他们是：当年中国文联书记处书记、中国民间文艺研究会临时领导小组组长、作家延泽民，是在 1983 年 4 月 17 日他所主持的中国民间文艺研究会的工作会议上，对酝酿已久的中国民间文学三套集成的编纂计划做出了正式决定；文化部原副部长丁峤，是他为我们中国民间文学三套集成的官方文件，即文化部、国家民委、中国民间文艺研究会 808 号文件签了字，然后由文化部民族文化司这条线颁布下达，才使启动"集成"普查和编纂工作成为可能，才有今天的这样辉煌成果。古训有言：吃水不忘掘井人呀！他们都是三套集成的掘井者；还有我们尊敬的周巍峙部长。由于民研会主席周扬于 1983 年卧病住院，必须设立常务副总主编主持其事。中国民间文艺研究会书记处组建之始，提议并经法定程序通过，由周巍峙和钟敬文两位任常务副总主编。其顺序如是。周巍峙同志兼任民间文学集成编委会的第一副常务总主编，一是避免了民间文学领导圈子里的意见纷争，使工作得以顺利进行；二是使民间文学三套集成比较顺利地纳入由文化部和艺术科学规划办牵头的十部民族民间文艺集成的行列，而这是其他人谁也无法替代的。

中国民间文艺研究会的历史贡献

刘　勍：作为中国民协的元老，您能为我们回忆和梳理一下民间文艺研究会阶段的历史，以及民研会为民族民间文化遗产做出的贡献吗？

刘锡诚：我算不上是中国民协的元老，只是我到中国民间文艺研究会工作的时间较早些罢了。在我之前到民间文艺研究会工作的人如今已所剩不多了，即使还有个把人健在，也多已失去思考能力了。中国民间文艺研究会成立于 1950 年 3 月 29 日，是周扬主持操办的。作为中宣部副部长兼政务院文化部副部长的周扬积极倡导和支持我国的民间文学事业。在他的领导、支持、批准和主持下，经过他指定的筹备单位文化部艺术局编审处两个多月的筹备，中国民间文艺研究会于 1950 年 3 月 29 日在文化部礼堂宣告成立。这是继中华全国文学艺术界联合会和中华全国文学工作者协会之后成立的又一个全国性的文艺学术群众团体。周扬在成立大会上致开幕词：

成立民间文艺研究会是为了接受中国过去的民间文艺遗产。民间文艺是一个广阔的富矿，它需要我们有系统的有计划的来发掘。在"五四"时期曾有些爱好民间文艺的文艺工作者，出版过不少各种的关于歌谣的刊物。在我们解放区也曾有过地方戏剧的研究，如今天优秀的歌剧作品，都是研究民间文艺的成果。但我们觉得最出色的民间艺术还没有发掘出来。今后通过对中国民间文艺研究的采集、整理、分析、批判、研究，为新中国新文化创作出更优秀的更丰富的民间文艺作品来。

不仅让对民间文艺有素养的文艺工作者来参加，还让那些只爱好民间文艺并非文艺工作者来参加。我们的民间文艺专家要和广大的民间文艺采集者紧密结合。[①]

郭沫若在大会讲话《我们研究民间文艺的目的》里说明了研究会的性质和目的，比如：保存珍贵的文学遗产并加以传播、发展民间文艺等。他提出了五个研究目的及研究方法，是从我国古代的民间文艺传统的总结中概括而来的，构成了中国民间文艺学诗学研究体系的雏形。

研究会成立后，名义上由钟敬文副理事长主持工作，实际上由筹备组的秘书组长贾芝担任秘书长，主持工作，挂靠在人民文

---

① 周扬：《中国民间文艺研究会成立大会开幕词》，《周扬文集》第二卷第10页，人民文学出版社，1985年。

学出版社，具体由社长冯雪峰领导。稍后，贾芝工作调动到中国科学院哲学社会科学学部文学研究所，就把研究会带到了文学研究所，具体由在延安鲁艺时期对民间文学多有研究的何其芳和毛星负责指导。1954年作为团体会员，加入全国文联。

我到民研会工作时，民研会的工作主要是三大块：

第一，广泛征集和搜集民间资料，进行分类保存保管。研究会成立初期，文艺界和学术界许多名家，我记得有俞平伯、程砚秋、尚小云、常惠等，他们纷纷捐赠自己收藏的民间文学书籍和采风的资料，捐赠者名单和捐赠数量都公布在《民间文艺集刊》里。研究会设有专人对捐赠资料进行分类、甄别、填写研究意见，保存在王府大街64号中国文联大楼329室。那个时期靠征集的办法所得资料，数量很多，堆成了山。民研会的资料室收藏也很丰富，在文联大楼里数一数二。其中就收藏着刘半农率队到绥远、河套一带调查的民歌手稿，封面上写着《北方民歌集》。刘半农在绥远搜集的爬山歌，是他在民间文学领域里所做的最后一次科学采集，给我们留下了一份珍贵的遗产。

20世纪50年代，我在中国民间文艺研究会工作时，曾从头到尾读过他搜集的这部绥远地区①的歌谣记录誊清本，是用毛笔竖行写的，浅黄色的毛边纸，装订成厚厚的一大本，外有红色硬

---

① 绥远地区：指绥远省，民国时期行政区划，在今内蒙古自治区中部，与陕西、山西、宁夏等省区接壤，行政区划源于清政府的归绥道，时属山西省管辖。1914年由民国政府照准设立归绥特别区，1928年改为绥远省，省会归绥（今呼和浩特）。1954年撤省，并入内蒙古自治区。

壳的封皮。可惜，这部珍贵的民歌记录簿在后来遗失了，是为憾事。没想到几十年之后，这部几乎被人遗忘的手稿被民协重新发现。刘半农从绥远调查时染病，回京后 4 天便不幸去世，这部手稿是否其亲手所为，还有待核实。但从民间文艺学的角度看，它的珍贵程度是不言而喻的。《北方民歌集》共有 652 页，记录了各类民歌 1870 余首；抄录者将其分为民歌、情歌、儿歌三部分，其中"民歌"部分比较杂乱，包括了时政、生活、风俗等多方面内容，情歌的数量最多，有 1500 多首；对采录情况有简要的记录；作品以爬山歌①为主，也有小调。这次调查进行了录音，共计 17 筒，因为没有见到录音带，不知道时长和记录的内容。

第二，编辑《民间文学》（创刊初期是月刊，1965 年改为双月刊）。主编是阿英，编辑部主任是汪曾祺。1965 年我调到编辑部，先是担任组长，继而由我担任编辑部实际上的负责人。我编到 1966 年第 3 期（6 月出版）。

第三，编辑丛书。研究会设有丛书组，先后编辑出版了《民间文学丛书》，编辑出版了《中国出了个毛泽东》《陕北民歌集》《爬山歌》（韩燕如搜集，共出了三集）等。1959 年改为国庆十周年献礼丛书办公室，负责人是陶建基先生。在他主持下先后编辑出版了《中国各地歌谣集丛书》《中国各地民间故事集丛书》两套

---

① 爬山歌：也叫"爬山调""山曲"，中国北方民歌体裁曲调之一。它主要流行于内蒙古西部、山西北部和陕西榆林地区。歌词基本形式是，每首分上下两句，押脚韵，一般是七字、四拍。根据所唱内容和当地口语特点，每句字数有变化，拍数基本不变。常把几首连起来唱，近似陕北信天游。

大型丛书。少数民族史诗的搜集出版，从 1958 年 7 月起就纳入了中国作协、中国民研会和文学研究所的工作日程。其时蒙古史诗已先后有两种版本问世，边垣编著的《洪古尔》1951 年由商务印书馆出版第 1 版后，1958 年作家出版社印行了第 2 版；琶杰演唱的《英雄格斯尔可汗》也在这一年问世。规模最为宏伟的藏族英雄史诗《格萨尔》的搜集翻译工作，便显得特别紧迫和突出起来。为了促进《格萨尔》的搜集工作，经中央宣传部批准由青海省担纲开始全面搜集，组织上派我赴青海去与省文联联系落实。民研会机关里的工作人员，陆续组织了几次下乡采风。陶建基带队到湖南江华瑶族自治县做过民间文学调查。路工先生带领我到山东烟台、江苏常熟的白茆、福建的上杭、安徽的肥东等地做过民歌调查。

从新中国成立到 20 世纪 60 年代，民间文学搜集工作在全国各地开展得热火朝天，是为中国文化史上最好的时期。除了前面提到的韩燕如在河套地区搜集的爬山歌外，山东的董均伦和江源夫妇在齐鲁大地上搜集的民间故事，陆续出版了近 40 种，如《单辨郎》（1950）、《传麦种》（1952）、《金须牙牙葫芦》（1955）、《石门开》（1955）、《三件宝器》（1956）、《找姑鸟》（1963）等。河北省的张士杰在安次一带搜集的《义和团故事》《石成求仙》《金沙滩》《龙河民间故事》《张少恒包打西什库八》《托塔李天王》《红缨大刀》《秋秸船》《张士杰文集》《民间故事集》等故事集；安徽省的缪文渭、牛家琨、母连甫等在阜阳地区做的捻军故事调查；青海、内蒙古、新疆等七省区对英雄史诗《格萨（斯）尔》

《江格尔》《玛纳斯》的搜集、编印等，不仅开了我国民间文学搜集采录史上一个时代，也成为中国近现代文化史上的盛事。①

---

① 资料由刘锡诚先生提供并审定。

第三章 ／ 我的治学和代表作

我国研究中国原始艺术第一人

刘　勍：您在离开民协的工作岗位之后，可以说从一个学者型官员成为一名学者。您这段转型极其成功，几部重要的学术著作都是在此后完成的，如《中国原始艺术》《原始艺术与民间文化》《象征——对一种民间文化模式的考察》《民间文学：理论与方法》等。您是我国研究中国原始艺术的第一人。

您能谈谈您从事原始艺术研究的原因吗？您为此在研究初期做了哪些工作？

刘锡诚：1990 年卸任中国民协领导，到中国文联理论研究室以后，感到迷茫。想起了沈从文之弃文而研究古代服饰，便决定把注意力转向远离“中心”的原始艺术研究。于是，向全国哲学社会科学规划办公室申报了一个“中国原始艺术研究”的课题。为了申报的课题能够顺利通过，我请林默涵和钟敬文两位有地位和影响的领导与学者做推荐人。主持文联工作的孟伟哉在申请书上签了字，盖了公章。但在当时的形势下，课题评审却遇到困难。最终，17 位评委中 11 位投了赞成票，主要是高校的评委，他们毕竟了解我的学术水平。从此，开始了我人生的另一个阶段。以过去我的民间文艺田野调查为基础，进而研究考古学，查阅和钻研考古发掘报告，研究每一个能够找到的原始艺术案例，写成了《中国原始艺术》一书。上海文艺出版社以最快的速度在"蝙蝠丛书"中出版。课题得到了中央党校科研部的支持和指导。

我所在的中国文学艺术界联合会理论研究室非常支持我的研究，尽管我只是在那里挂名，基本不上班，他们还是为我的《中国原始艺术》一书召开了出版座谈会。许多文艺理论家和民间文艺学家参加了座谈会，包括我在文艺界的朋友，钟敬文老先生和他的助手康丽，文艺理论家陈丹晨、何西来，考古学家宋兆麟，神话学家吕微，文联研究室的同事王烈、王兴仁、刘爱民、杜清源、丁道希、刘蓓蓓等，民间文艺学家连树声、向云驹，拙著的责任编辑徐华龙，等等，他们给我的研究成果以充分肯定。嗣后，他们又在《文艺界通讯》《作家报》《文艺研究》《书与人》《光明日报》等报刊上发表了文章。

钟敬文先生在《我的原始艺术情结》里写道："听到锡诚在做原始艺术方面的研究，我很高兴。过去有关原始艺术的著作，都是外国人写外国原始艺术的，没有人写中国原始艺术的书，更没有中国人写中国原始艺术的。我一直希望有人写出中国原始艺术的著作来，不能光是格罗塞、博厄斯所著的著作。日本做学问的人很多，也没有人写中国原始艺术的。系统地研究中国原始艺术，锡诚算是第一个。"①

　　这本书的出版，标志着我单纯的、专业的学术生涯的开始，因而，对我来说，是人生的重大转折。与原始艺术研究有关联的，是我在国内人文学界，第一个着手和提倡研究中国文化的象征问题。早在1987年，《民间文学论坛》编辑部邀请一些文化学者来开会，乐黛云先生说，法国学者提出要与北大合作研究中国文化中的象征，北大没有这样的专家，希望由我和中国民间文艺研究会牵头来做。乐老师是我在北大时的老师，在她的启发下，我开始提倡并着手研究象征问题。象征问题是民俗学的一个大的研究课题和研究思路，从象征入手，可以更深入地进入和阐释民俗现象的内部特征和民间文学作品中的一些难解的问题。开始时，由我和王文宝先生组织全国民研会系统有研究能力又贴近生活、熟悉民俗现象的文化研究人员来做，编撰了一部《中国象征词典》（天津教育出版社，1991年）。在定稿时，我深感我们在象征问题上的研究水平还比较低，于是我断然地将全部原稿中抽去了差不多1/3。深入的、多少令人满意的研究，显然还要待以时日。后来，出版了中央民族大学祁庆富教授主持的中国少数民族象征研究，北京大学周兴教授和王铭铭教授从人类学角度对象征的研究，居阅时、瞿明安编的《中国象征文化》，四川人民出版社出版的《中国象征文化丛书》十册……他们的成果在理论上有了较大的提高，象征研究在我国人文学界得到了重视，也已渐成气候。而

---

① 钟敬文：《我的原始艺术情结》，载《文艺界通讯》，1998年第10期。

我运用象征理论或从象征的角度所撰写的一些文章，后来结集为《象征——对一种民间文化模式的考察》，也比以前有了提高，其中取材自民间文学的文章，如《动物的人文角色意义》《失落了的意象》和《钟馗论》，在研究方法上的开拓和象征意象的开掘上，起码自己还算满意。《钟馗论》1998 年先发表于台北《民俗曲艺》，还被钟敬文老先生选进了他所主编的"建国 50 年民间文学文论"的选集中，并在序言中给予首肯。

我认为原始艺术研究和文化象征研究，为我国人文学科研究开拓了新的疆域，在研究内容上和理论方法上，在理论原则上，与稍后引进并兴起的艺术人类学有着千丝万缕的关系。2009 年，我在"我的学术自述"（《在民间文学的园地里》）里写过这样一段话："我还发表过几篇略有影响的文章，如《民俗与国情备忘录》（《报告文学》2002 年第 9 期；《中外论坛》[纽约]2002 年第 4 期；荣获中国文联全国文艺评论奖一等奖），《全球化与文化研究》（《理论与创作》2002 年第 4 期）和《文化对抗与文化整合中的民俗研究》（《理论与创作》2003 年第 4 期）。这些文章也显示了我有感于民间文学乃至民俗学研究中的'孤芳自赏'情况，呼吁大力增强民间文学乃至民俗学学科与其他学科的对话能力的愿望，从而在民间文学学科研究中产生出跨文化研究倾向。改革开放以来几十年间散见于各地期刊上的有关民间文学的研究性文章，如《神话昆仑与西王母原相》《禹启出生生化及其他》《神话与象征——以哈尼族为例》《陆沉传说试论》《陆沉传说再探》《梁祝的嬗变与文化的传播》《白蛇传传说：我们应该回答什么问题》等，已经结集为一本选集《民间文学：理论与方法》（中国文联出版社，2007 年第一次印刷、2010 年第 2 次印刷）。"①

---

① 资料由刘锡诚先生提供并审定。

来自艺术人类学的启迪

刘　勃：您的人生经历非常丰富，孕育了您学术研究上的累累硕果。刚刚您谈到您的《中国原始艺术》一书，这本书涉及面广，比如新石器时代的陶器装饰艺术、原始岩画、原始舞蹈、原始神话等，囊括了几乎所有的艺术门类。

20世纪80年代，西方的艺术人类学研究刚刚传入中国，我们知道艺术人类学对原始艺术命题特别重视的。您作为从那个时代走过来的学者，能否谈一谈为什么当时会兴起对原始艺术命题研究的热潮？有没有在您研究和创作的时候给了您启发和影响呢？

刘锡诚：20世纪80年代，西方的艺术人类学研究刚刚传入中国，这段时期的艺术人类学研究一个很重要的特点就是学者们对原始艺术命题的积极关注，我也是那个时候开始关注和研究原始艺术的。作为民间文艺的研究者，我对原始艺术的兴趣和关注，正是起于对民间文学艺术研究的需要。民间文艺与原始艺术固然不是一回事，但二者之间有着密切的关系。

我们所接触到的，除了文字记录外，还有录音、照相和录像等方式记录下来的民间文艺，不仅可溯源于原始艺术，有的甚至就是原始艺术的遗留。一般说来，原始艺术大体上由两个部分构成：一是原始社会的不同人群所创造和享用的艺术。在原始社会的低级阶段上，不仅没有出现社会分层现象和阶级差别，甚至连人与自然还难以分别开来，这种智力水平和认识能力在神话、诗歌、图画、舞蹈、音乐等原始艺术中有很明显的反映。二是人类社会进入较高阶段即社会分层和阶级社会后，还继续葆有的原始艺术（遗存），所谓民族学的原始艺术。我国在全国刚刚解放、和平跨入新民主主义社会和社会主义初级阶段时，有些民族，如居住在云南边境上的佤族、景颇族、独龙族等，有些还处于氏族社会的末期，他们的民间文艺，实际上还是原始社会末期社会成员中所流传的原始艺术。因此，不研究原始艺术，就不能正确理解和阐释民间文艺中存在的某些深层问题。

我开始关注原始艺术及其理论，继而把中国原始艺术当作一个重要的学术研究课题，还因为受到马克思主义经典作家们的艺术论和艺术观的启迪。我从 20 世纪 50 年代末、60 年代初起，开始研读马克思主义经典作家们的有关著作，钻研他们对原始文化和原始艺术的论述。早年鲁迅先生曾翻译了蒲力汗诺夫（普列汉诺夫）的《艺术论》，雪峰译介过他的《艺术与社会生活》。1963年，王子野翻译了法国马克思主义者拉法格的《思想起源论》。我参考苏联青年汉学家鲍里斯·李福清赠送的一本俄文本《马克思恩格斯论民间文学》索引的复印件，从马恩的著作中搜集编辑了一本《马克思恩格斯论民间文学》的内部专集。文学研究所民间文学室也于 1979 年编印了一本《马克思恩格斯论民间文学》的小册子。马克思、恩格斯、拉法格、普列汉诺夫等人的艺术理论遗产中，对原始艺术有很多精辟的论述，他们在原始文化研究上所创立的唯物史观方法论和对某些原始艺术的阐释，给我打开了进入中国原始艺术宝库大门的一把钥匙。我先后翻译了恩格斯《爱尔兰歌谣集序言札记》（与马昌仪合译，分别发表于《光明日报》1962 年 1 月 13 日和《民间文学》第 1 期），撰写了《马克思恩格斯与民间文学》（写于 1962 年，发表于《草原》1963 年第 2 期）、《拉法格的民歌与神话理论》（发表于《文艺论丛》第 7 辑，上海文艺出版社,1979 年）、《普列汉诺夫的神话观初探》（发表于《民间文学论坛》1985 年第 5 期）等论文。

我国原始艺术研究的基础一向十分薄弱。民国时期，除了前面提到的鲁迅译的蒲力汗诺夫的《艺术论》外，只有德国格罗塞的《艺术的起源》、洛伯特·路威的《文明与野蛮》寥寥几本外国人写的书。新时期以来，情况虽然有所改观，但史前考古学家、文艺理论家、文学史家、美学家、美术理论家各自分割，缺乏综合性、系统性和贯通性。进入 20 世纪 80 年代，出版了一些有关原始艺术的专著和论文，但较多的是对某一门类的原始艺术（如彩陶和岩画）和某一考古文化系统的原始文化的研究，也出版了几部介绍或借用西方的研究方法来构架中国原始艺术理论体系的著作，但大多重点倾向于构筑某种理论框架，没有一部是在汇集和梳理中国本土原始艺术材料的基础上，进而加以研究和系统化、理论化的著作。这不能不说是我国人文社会科学界、文艺理论界的一个很大的缺憾。有感于艺术理论研究的这种状况，我于1985年8月为中国民间文学刊授大学学员写了一篇题为《原始艺术论纲》的讲稿（发表在《民间文学论坛》1985年第6期），继而出版了一本论文集《原始艺术与民间文化》（中国民间文艺出版社，1988年）。在这个基础上，我申报了"中国原始艺术研究"基金课题，1998年出版了《中国原始艺术》。《中国原始艺术》的写作，力求系统地搜集和整理包括各少数民族在内的中国本土的原始艺术资料，把考古发掘出土的史前艺术资料和解放前夕还处于氏族解体阶段的民族的原始艺术融为一体，把原始的（从旧石器时代晚期起）人体装饰、新石器时代陶器，素陶和彩陶的装饰艺术、原始雕塑、史前巨石建筑、史前玉雕艺术、史前岩画、原始绘画、原始舞蹈、原始诗歌和原始神话等不同门类、不同形态的原始艺术资料尽其可能地搜集起来，加以梳理和分类，使其系统化，找出其艺术规律和特点，并把不同时期的原始造型艺术、视觉艺术和口传艺术这些不同门类的原始艺术进行综合的研究。

我在研究中接受了西方引进的文化人类学和民间文艺学的田野方法，以实证为主要指导原则和特色。由于20世纪50年代我国学界批判了美国哲学家约翰·杜威的实证主义哲学，于是实证的学术方法，也被误解为实证主义而在我国社会科学领域很长时间里成了禁忌。但在新兴的文化人类学、艺术人类学中，以田野调查为特征的方法，其实质就是强调和突出实证，强调深描，让材料说话。在写作中，我始终注意尽可能多地搜集和引用中国本土的原始艺术资料：以史前考古出土的资料为主，辅之以民族学、人类学的田野调查资料、民俗学资料和口承文艺资料，以为参证。在唯物史观的指导下，通过对大量资料的分析、比较和研究，得出应有的结论，力避缺乏实证资料支持的玄学空论。在书中所提倡和运用的实证方法，其要义是在要求丰富的相关资料，特别是第一手的调查资料的基础上引导出结论，有异于当下学界流行的、在没有必要的材料或材料相当缺乏的情况下，以空灵的头脑去构建理论和理论框架的学风。为了完成这个研究课题，我先后对一些新中国成立前夕还处于氏族社会末期的民族和地区的原始艺术，如沧源岩画、花山岩画、景颇族的《穆脑斋瓦》和舞蹈《金再再》、独龙族的射猎图画、四川珙县麻塘坝僰人的岩画等，进行了田野调查。

艺术人类学之我见

刘　勃：您的研究与中国的艺术人类学联系非常紧密，作为一位跨学科的人文学者，您的成就不仅在民间文学方面，也表现在民间艺术方面。《中国原始艺术》(1998) 之后，您又完成了《象征——对一种文化模式的考察》(2002)，刚才您已经谈了关于这两本书的研究和创作，您能谈谈您对艺术人类学研究的感想和感受吗？

刘锡诚：虽然我在民间文艺学和艺术人类学领域里学习和探索的时间不算短了，也写过一些理论性的文章和著述，包括前面所说的原始艺术研究和文化象征研究，我认为这两个领域的研究——为我国人文学科研究开拓了新的疆域，在研究内容上和理论方法上，在理论原则上，与稍后引进并兴起的艺术人类学有着千丝万缕的关系，但要说自觉地从艺术人类学学科建构方面所做的思考，却很少，只能谈一点感想和建议。

艺术人类学在中国的兴起和传播，大约有 30 年的历史了。在我的记忆里，1992 年 2 月文化艺术出版社出版的我国第一本翻译的外国艺术人类学的著作是学者罗伯特·莱顿著、靳大成等译的《艺术人类学》，同年 11 月，上海文艺出版社出版了易中天著的《艺术人类学》，此后，陆续出版了不少冠以艺术人类学的著作。2003 年中国艺术研究院成立了艺术人类学研究中心，2006 年成立了中国艺术人类学学会，于是这个新的学科名称就在学界普及开了。

在我看来，艺术人类学，是以人类社会不同阶段上广大民众所创造、传承、传播和享用的艺术活动和艺术作品为对象，运用（文化）人类学的理论和方法进行研究的人文学科。人类社会不同阶段上广大民众所创造、传承、传播和享用的艺术活动和艺术作品（包括传承者），从来被排斥在传统的艺术学的视野之外，或者用美国人类学家罗伯特·雷德菲尔德的"大传统、小传统"来定位，应是"小传统"之属。以人类学的理论和方法研究艺术诸问题，与传统的艺术学之以文艺学的理论与方法研究艺术，有着显著的差异。如果我的这个观点可以接受的话，那么在我国，艺术人类学的研究最早应起始于 20 世纪 30—40 年代，那时虽然没有艺术人类学这个名称，但所研究的对象和所采用的理论与方法，却与今天所说的艺术人类学无异。岑家梧的《图腾艺术史》，钟敬文 1937 年在杭州举办的"民间图画展览"及其所做的研究，北京中法汉学研究所 1942 年举办的"民间新年神像图画展览会"及出版了图书。钟敬文在《民间图画展览的意义》中说："民间图画是民众基本的欲求的造形，是民众情绪的宣泄，是民众美学观念的表明，是他们社会的形象的反映，是他们文化传统的珍贵的财产。民间图画，它可以使我们认识今日民间的生活，它也可以使我们明了过去社会的结构。它提供给我们理解古代的、原始的艺术姿态的资料，同时也提供给我们以创作未来伟大艺术的参考资料。"① 他们的解说指明了所研究和展览的民间图画，是民众所创造和拥有的图画，而且这些图画是与"典礼"，也就是今天我们所说的"仪式"相关的，而这正是我们今天的艺术人类学理所当然的研究对象。

新中国成立以后，第一个对不被艺术界重视的"小传统"傩舞进行田野调查的，是时任中国舞蹈艺术研究会秘书长的女舞蹈家盛婕，她率领的团队在江西婺源作了我国学界第一个傩舞调查，开启了我国艺术研究者对傩舞的最初的认识。时至 20 世纪 80 年代至 90 年代以降，民间文艺学家、艺术人类学家们秉承着这样的理念和方法，对"大传统"之外的民众艺术活动和艺术作品作了大量的调查和记录，为我国艺术人类学的日臻成熟奠定了基础。如台湾清华大学教授王秋桂先生在财团法人施合郑民俗文化基金会支持下，从 1991 年 7 月牵头组织许多大陆文化学者参加的"中国地方戏与仪式之研究"课题计划，用四年的时间，在基于田野资料所写的调查报告有 80 种，如贵州傩戏、各地目连戏、安徽

①《民间图画展览会特刊》，后收录所著《民间文艺谈薮》，湖南人民出版社，1981 年。

贵池傩戏、安顺地戏、福建寿宁四平傀儡戏、酉阳阳戏、重庆阳戏……调查报告中包括丰富的图片及仪式表演中所用的文字资料，如科仪本、剧本或唱本、表、文、符、篆、疏、牒等资料。又如中国艺术研究院方李莉研究员在文化部和科技部资助下率领团队从 2001 年起花费七年时间实施完成的国家重点课题"西部人文资源的保护、开发和利用"，最终成果出版了《西部人文资源论坛论文集》《从资源到遗产——西部人文资源研究报告》等 12 种，就西北地区的戏曲、民间宗教、民间习俗、民间手工艺、舞蹈、建筑文化、少数民族习俗与信仰、关中工艺资源与农民生活等 8 个领域的文化资源所作的个案调查报告，以及概述、西部人文资源研究的历史与现状、西部人文资源所面临的生态压力、西南少数民族村寨文化变迁、人文资源开发问题、贵州梭嘎生态博物馆的经验调查等 14 个问题的研究结论，提供了翔实可靠、丰富多样的当代西部人文资源的田野调查材料和生活样相，以及民间艺术面临的衰微困境。流传于西北回、汉、东乡、撒拉、藏、土、保安、裕固等民族和地区的"花儿"①，申报世界人类非物质文化遗产名录成功，但申报前对"花儿"的调查和研究呈现分散状态。现在有些地区开始作新的调查，如 2007 年，西北民族大学戚晓萍在坎铺塔对洮岷南路花儿的调查；2012 年甘肃省文化艺术研究所"中国节日志·松鸣岩花儿会"课题组在顾善忠的率领下在临夏回族自治州和政进行的田野调查等。这些课题的完成和田野调查的撰

---

① 中国民歌中山歌的一种。

写为艺术人类学的趋向成熟准备了可靠的条件。目前来看，这样的有系统的、带有全局性的艺术类田野报告和资料，还是太少了。

回想 1928 年 4 月，蔡元培就任前中央研究院院长后，创立了历史语言研究所和社会科学研究所，他亲任社会学研究所下面的民族学组的主任，并出了六个题目组织力量进行调查：广西凌云瑶族的调查及研究；台湾高山族的调查及研究；松花江下游赫哲族的调查及研究；世界各民族结绳记事与原始文字的研究；外国民族名称的汉译；西南少数民族研究资料的收集。[①]这六个调查报告的写作与出版，奠定了中国民族学学科从无到有、理论体系的建构的坚实的基础。目前，中国式的艺术人类学学科的逐步完善，最为迫切的，是有赖于更多的这类有计划有组织的、全局性的、有点有面的艺术类田野调查资料的撰著与积累。在田野调查资料及其所形成的问题的基础上，以多学科参与、从多方面深化理论研究，而不是寄希望于移植外国的现成的理论，尽管外国理论的介绍是非常必要的。

艺术人类学近年来取得的成就与进展，是有目共睹的，值得学界高兴的。如果要问我有什么建议的话，我认为，艺术人类学学科虽然有了 30 年的发展史，但学科建构方面的空间还很大，如英国学者罗宾·乔治·科林伍德《艺术原理》中说的"非艺术"（包括巫术艺术等），如上述中法汉学研究所的"典礼"中的

---

① 蔡元培：《三十五年来中国之新文化》，桂勤编《蔡元培学术文化随笔》，中国青年出版社，1996 年，第 151 页。

民间图画与留居美国的中国学者巫鸿的《礼仪中的美术》的命题，如中国的地域文化，包括荆楚文化、吴越文化、齐鲁文化、苗蛮文化……所孕育的地域艺术传统及现代形态，如民众艺术与农耕文明，如文化圈、艺术圈，如大众艺术与"非遗"领域里的"文化空间"，等等，都值得学者们去研究，而且可以作出大文章来，丰富和提升学理建设。

艺术人类学与非物质文化遗产的联系

刘　勃：中国艺术人类学走到今天经历了一个从"不自觉"到"自觉"的发展过程。起初很多学者借鉴西方文化人类学的研究方法，这种运用是不自觉的，甚至他们自己都不认为是在做艺术人类学的研究。您对此的看法是什么？大家为此做了哪些工作和努力？您认为艺术人类学对非遗研究的关联是什么？

刘锡诚：十多年来，我国非物质文化遗产保护工作已经取得了世所公认的巨大成绩，对非物质文化遗产及其保护工作的理论研究，如"非遗"价值观、项目本身的内涵和传承人的研究与阐释，有了长足的进步和提升，但与此相联系的有些观点和方法，如与历史文化传统、地域文化传统，则基本上被忽视。在这些方面，艺术人类学已经比较成熟的理论和方法，在"非遗"及其保护工作中大有用武之地，可以给予期望中的"非遗学"的建构以理论上的支持。

我国政府认为："非物质文化遗产是指各种以非物质形态存在的与群众生活密切相关、世代相承的传统文化表现形式，包括口头传统、传统表演艺术、民俗活动和礼仪与节庆、有关自然界和宇宙的民间传统知识和实践、传统手工艺技能等，以及与上述传统文化表现形式相关的文化空间。"①而《通知》所述作为"非遗"的诸种传统文化表现形式，并非都属于前面我们所定义的作为艺术人类学研究范围（"视野"）的人类艺术活动和艺术作品，有的纯然属于人类有关自然界和宇宙的知识和实践，而非艺术活动与艺术作品。

　　对于艺术人类学家们来说，保护城镇化进程中的"非遗"中的诸艺术项目，自是时不待我之事，要发挥我们的长项，分别不同地区、不同类别，分别轻重缓急，走向田野，抓紧时机以田野的理念和记录的方式，尽可能多尽可能全地留住乡土社会所滋养和传承下来的这些文化根脉——乡愁。

---

　　①《国务院关于加强文化遗产保护的通知》，见中国艺术研究院、中国非物质文化遗产保护中心编《中国非物质文化遗产普查手册》（修订版），文化艺术出版社，2007年，第275页。

难忘乡愁——对家乡民间文学的印象

刘　勋：我认为，您的个人经历潜移默化地影响着您的学术取向和选择。您是山东人，从您的研究著作中，可以看出您对家乡山东的民间文学、民间文化的热爱。您曾经有过一个很好的动议：闯关东是涉及山东、河北、东北三省的重大历史文化事件，其中以"秃尾巴老李传说"为代表的反映闯关东民间文学作品此类题材应该引起民间文学界的关注和重视。在您的倡议下，山东民协率先行动，在全省范围内搜集了各种类型的秃尾巴老李传说，并且编辑成书，书中除有各地流传的文本外，还收有相关史料，极其珍贵。

您能谈谈这件事的前后经历以及这件事对后来民间文学保护的影响吗？

刘锡诚：在我的家乡山东，以青岛的即墨和沿海的文登为起源或中心广泛流传着"秃尾巴老李"的人文动物传说，随着山东农民在困苦的生活境遇中大量向东北移民"闯关东",这个传说也传到了东北三省,并与黑龙江融合起来。传说的内核是:其母受感而孕产下一条龙,父恶之断其尾,遂名"秃尾巴老李"。秃尾巴老李经历磨难至黑龙江,在老乡帮助下战胜小白龙,占据了黑龙江口,以后每年回家探母,归来必挟雨雹。我的家乡山东昌乐县也有秃尾巴老李传说流传,说秃尾巴老李是天上鲤鱼仙托生的,托生在昌乐王裒院村,他哥哥王裒是个孝子,给他砍掉了尾巴。我小时候就常听村子里的人说这个故事,因而对这个传说非常喜欢。在我的倡议下,山东民间文艺研究会分会主席王太捷决定对这个传说开个会进行一番研讨,于是有了1988年11月27日在枣庄召开的"秃尾巴老李"讨论会。

会上汇集了山曼的《秃尾巴老李故事源流论》、王太捷的《秃尾巴老李传说的流变与演变》、曲金良的《秃尾巴老李传说探源》、赵国瑞的《秃尾巴老李与"闯关东"——一篇山东汉民族迁移史》、刘敬福的《山东人闯关东的保护神——秃尾巴老李与山东人闯关东的关系》等。与会的专家学者认为:有关秃尾巴老李的传说,突出地反映了山东移民关东的历史事实,形象地再现了山东大汉性格特征,从其中残存的某些神话片断来看,与古老的东夷文化有着极其密切的关系,引起人们对东夷地区龙文化的再思考。我在会上作了题为《秃尾巴老李与文化硬性的比较》的长篇发言,认为秃尾巴老李的传说具有海洋文化的特色,而绝非黄土文化的产物,秃尾巴老李是远古文化中的一个文化英雄。山东民间文艺研究会之后编辑出版了《秃尾巴老李学术讨论会文集》。

山东学界对秃尾巴老李传说的研究，与南部中国民间文艺学学者们对西江龙母文化的研究相映成趣。很多学者在我的倡议下做出了研究，能够达成共识的是：秃尾巴老李是山东特有的龙，它在传说中不但与帝王的象征和富贵吉祥无缘，与其他流传于民间的龙故事也不相同，带有明显的地方特色。它在山东各地都有流传，在流传中都说秃尾巴老李生于当地。秃尾巴老李的传说，在清代的文字记载里，只有降生、喂乳、断尾、筑坟、掀父尸和在张真人处学艺等情节，没有到黑龙江和白龙相斗及占据黑龙江的情节，这显然是山东人闯关东之后，在东北流传过程中发展的。人们为生活所迫背井离乡，远离亲人，到一个陌生的地方谋生，很希望能长期生存下去。为了战胜生活中遇到的困难，对先去或后到的老乡都有一种亲切感，希望老乡之间能团结互助，共同克服困难，以便站稳脚跟。出于这种朴素的思想感情，在讲述秃尾巴老李的传说时，就把这一思想带进了传说，说秃尾巴老李也到了东北。口头文学创作和作家书面创作一样，都是社会生活在人们头脑中的折射，民间文学是直接反映劳动人民自己的思想感情和生活愿望的。秃尾巴老李到黑龙江落户这一情节，反映了最初到东北边陲逃荒谋生的山东流民的愿望。这一情节给秃尾巴老李的传说增添了新的内容，使其由一般神话传说发展成了具有神话色彩的幻想故事；也给秃尾巴老李这一虚拟物增添了新的光彩，使其成为山东老乡团结战斗战胜困难的精神支柱，在流传中更具有生命力。

　　山东学界对秃尾巴老李这一传说进行了研究和宣传，表明了我们对山东的民间传说和民间文学的重视。我相信人们会因为加深了对秃尾巴老李传说的印象，对山东的民间文学和人文精神感兴趣，从而对民间文化更大力度地抢救和保护。

史料是珍贵的研究基础

刘　勋：在同辈学人中，您是非常重视学术史料和民间文学资料的搜集、保存、整理及公开发表工作，您为学术界、为我们这些后辈学人留下了珍贵的史料。您能结合您的切身经历，谈谈您保存了哪些史料，发表的作品内容是什么，以及现在还有哪些史料未整理出来？

刘锡诚：我老了，记忆不好了，许多事情想不起来了，眼睛也看不清了，而且我几十年来积累和收藏的两万多册图书和资料，已经于 2017 年 3 月全部捐献给了中国现代文学馆和我家乡的母校昌乐一中，无法查阅了。

在民研会时，我受访书家路工先生的影响，一向重视史料的搜集和保存。每到一地，总是注意搜集当地的资料。1958 年到江西出差，发现了一本瑞金苏区出版的《青年实话丛书·革命歌谣选集》，我就抄写了带回机关，加以翻印，并在《民间文学》上写了文章介绍，并把这个翻印本赠给了民研会资料室。1962 年是毛泽东《在延安文艺座谈会上的讲话》发表二十周年，贾芝撰写的《论民间文学的社会地位和作用——纪念〈文艺讲话〉发表二十周年》，由陶阳和我负责给他提供相关材料，我系统地查阅了中山大学民俗学会时代的民俗学出版物，并对《民俗周刊》（1928 年 3月 21 日—1933 年 6 月 13 日）123 期逐期作了笔录。

在写完《二十世纪中国民间文学学术史》（2006 年）之后，本来还有一个写作计划，写一部《二十世纪中国民间文学编年史》，但因我退休多年，无法申请学术基金支持，只好把已经开始了的写作停了下来。这里把我经手编辑的《民间文学参考资料》（共出了九集）篇目说一说，提供一点史料：

《民间文学参考资料》第一辑（缺）/《民间文学参考资料》第二辑（1962 年 7 月）/《上海文学研究所 1962—1971 年工作规划》（草案）/《开展上海民间文学工作》/《广西壮族自治区第二次民族民间文学座谈会上的工作报告》/《河南省文化局召开民间文艺搜集整理工作座谈会》/《江苏省镇江市注意民间文学的发掘整理工作》/《山西省平顺县是怎样抢救民间戏曲遗产的》/《社会主义时期民间文学范围、特征的意见综述》/《关于"合流"问题的争论》/《革命传说和革命回忆录的区别》/《谈社会主义时期民间文学的特征》/《关于社会主义时期民间文学的特征问题》/《关于社会主义民间文学的范围界限》/《从新故事看我国社会主义民间文学的特点》/《社会主义民间文学还存在吗？》/《成吉思汗的两匹骏马传》的样本比较和研究简介 /［苏］李福清《万里长城的故事与中国民间文学的体裁问题》/［日］村山孚《中国民间故事的解说》/苏联学者关于史诗《玛纳斯》的一组论文/《驯服"黑老虎"》的记录稿和整理稿/《旗手姚柱》的记录稿和整理稿/《赛诸葛》的记录稿和整理稿/《测字先生》的记录稿和整理稿/《岩顶上的脚印》的记录稿和整理稿/《沤铁》的记录稿和整理稿/《渔童》原讲述的故事和整理稿，等等。

另外自 1963 年起我负责与科学院文学所民间组合作编辑《民间文学工作动态》，除了国内的情况外，重点在组织翻译苏联的、日本的和西方的民俗学和民间文学论文摘要与动态消息，向国家有关部门和学界提供信息。

我的代表作《二十世纪中国民间文学学术史》

刘　勃：1990 年初，您调至中国文联理论研究室之后，潜心于学术研究，文章陆续刊出，著作一本本问世。您的专著《二十世纪中国民间文学学术史》①，十余年几易其稿，对于一位没有助手、没有科研经费、没有图书馆和研究机构可以依靠的老人而言，这其中的艰辛可想而知。

您能谈谈您这段经历，以及在您写作过程中最难忘、印象最深刻的事情吗？

刘锡诚：在退休后的第 7 年，即 2003 年，得到时任中国文联副主席的仲呈祥同志和理论研究室的同意并报请中国文联党组批准，继续以中国文联理论研究室研究员的身份申报了第二个国

---

① 刘锡诚：《二十世纪中国民间文学学术史》，河南大学出版社，2006 年第 1 版；增订本，中国文联出版社，2014 年 12 月第 2 版。

家社科研究课题——二十世纪中国民间文学学术史研究，并在中央党校科研部的具体领导和指导下，开始了我的另一次"蛮荒之旅"。

研究课题于 2006 年完成结项，经国家社科规划办聘请的五位业内专家评审，获得了"优秀"等级。接着，有幸被时任河南大学黄河文明与可持续发展中心副主任的高有鹏先生纳入他所主持的"中国民间文学研究书系"，由河南大学出版社于 2006 年 12 月出版。高有鹏在《关于〈二十世纪中国民间文学学术史〉的学术意义》评价中说："这部著作是这个学科（指民间文艺学）发展的重要标志性成果。"

第一次出版后，就被国内一些有硕士和博士研究生授予点的高校采用为研究生的参考书，中国台湾东华大学民间文学研究所也用这本书当参考书，从而促进了对百年民间文学学术进程和学术思想的研究和探讨，陆续出现了多种民国时期和新中国成立以来民间文学学术史的研究。

中国文联理论研究室于 2007 年 7 月 23 日召开了一次专题座谈会，与会专家们从多方面对拙著进行了剖析和评论，在肯定的同时，也提出了一些问题和批评意见。报刊上陆续发表了不少评论文章和从拙著延伸开来的学术论文。这次会后，我下定决心在余年进行一次较大的增订。这次增订完稿于 2012 年 3 月，除了改正一些明显的错别字、引文和标点的误植等外，民国时期有的章节作了调整，也作了一些内容上的修订或增补，有些章节甚至是重写的。增订本由中国文联出版社出版，总字数从原版的 85 万字增加到了 110 万字。这本书的写作，前后历时十年，是我一生中花费心血最多的，如你所说，在没有助手，没有专门的图书馆可利用等不利条件下，完成此著，连我自己都不敢想象！

刘　勍：学术史的建构是一门学科的基础性工作，也是学科走向成熟的标志。您的《二十世纪中国民间文学学术史》，从学术流派、学术机构、学术期刊、学术活动、重要学术著作等多个方面，全面系统地梳理了二十世纪中国民间文学的发展演变历程。

那么，您是如何评价您的这部著作的？您最满意和遗憾的地方是什么？

刘锡诚：《二十世纪中国民间文学学术史》成了我的一部代表作。在课题结项时，我在向国家社科规划办提供的汇报材料里说过一段话，可以回答你这个问题：

中国民间文学史是在不识字的民众中，以口传心授的方式世代相传下来的精神产品。它是民众生活、生产、人生经验和艺术才能的结晶，是社会发展历程的曲折反映，是研究社会底层的老百姓和国情的重要资料。该研究成果是我国第一部 20 世纪中国民间文学学术史。它以唯物史观的立场，对百年来中国民间文学学术史作了细致的梳理和独特的审视，比较全面地描绘了中国现代民间文艺学发展的历史图景。

拙著《二十世纪中国民间文学学术史》大体显示出三个特点：第一，牢牢把握中国民间文艺学的国情特点，一切从国情出发写中国民间文艺学的发展史，从而区别于西方的、欧洲的民俗学史；第二，继承文以载道的传统，建构和发扬中国民间文艺学的诗学特点；第三，在坚持唯物史观的前提下，发扬中国民间文艺学的开放和包容精神。

民间口头文学是下层老百姓的文学，而下层老百姓在任何时代都是社会的基本成员和财富的基本创造者，他们的口口相传的文学，往往以形象的、幻想的、诗学的方式直接或曲折地反映着社会现实，臧否人生，承载传统，给老百姓以精神力量，体现着他们的群体性的世界观、价值观、道德观、是非观，因而属于意识形态的范畴。民间文学所承载和体现的这些观念，有的带有明显的时代性，随着时代的变迁而被新的观念所代替，有的则跨越时空带有普适性和继承性。较之作家文学，民间文学与民俗之间有更多的粘连或联系，但意识形态性特点使民间文学与悬浮于意识形态之上的民俗相区别。胡适在《白话文学史》里阐述过"双重的文学"的概念。他的《白话文学史》就是一部以民歌和民间文学及其与文人文学交互影响为主要线索的文学史。我遵从和接受了他的观点，在《二十世纪中国民间文学学术史》中是把民间文学作为与作家文学并驾齐驱、互相给予影响的另一门类的文学来评价、来书写的。

在处理百年学术史的若干问题时，该成果在以下三个方面较有新意：

第一，没有采用当下民间文学和民俗学界的成说，即中国现代民间文艺学肇始于 1918 年的北大的歌谣征集活动，而把中国民间文艺学的滥觞期定在了 20 世纪初。研究认为，中国现代民间文艺学的滥觞，实际上要比"五四"新文化运动更早，应在晚清末年。"五四"新文化运动是划时代的，但它不是突发的、孤立的事件，而是以科学、民主为核心的新思潮积累到一定程度才爆发起来的。从 20 世纪初起，严格地说，从 1898 年维新运动及其失败之后，西学东渐，对抗传统的新思潮一浪高过一浪。政治领域里改良派发动的维新运动和革命派发动的推翻帝制的革命运动，文化领域里旨在对抗旧传统而兴起的白话文、通俗小说等文化浪潮，都为"五四"运动的爆发作了铺垫和积累。中国现代民间文学学术史，正是在晚清的改良派和革命派这两股势力从整体上和文化上改变中国传统社会的情况下肇始的，而在"五四"运动爆发及其以后，汇入了文学革命的洪流中，成为文学革命的一翼。

第二，从流派的视角来整合民间文艺学史的写作，并对各流派及其代表性人物和学术主张作了简明精到的论述。研究认为，中国民间文学百年学术史上，在学科内部，大体上有两种思潮：一种是以文以载道的中国传统文学价值观为引导和宗旨的文学研究和价值评判体系；一种是以西方人类学派的价值观和学术理念为引导的民俗研究和价值评价体系。这两种思潮几乎是并行地或错落地向前发展，既有对抗，又有吸收。而在学科外部，由于民间文学属于下层民众所传承的文化，始终受到以儒家文化为代表的上层文化的挤压，虽有一大批文化名流的不懈提倡，但民间文学始终处于被压抑的地位。具体说，一部百年学术史，并非由一种流派或一种思潮一以贯之，而当时存在过若干的流派，这些不同的流派之中也互有消长。大体说来，前 50 年，除了以钟敬文、江绍原为代表、断断续续延续几十年之久的"民俗学派"而外，还出现过歌谣研究会、"文学人类学派"、"古史辨派"神话学、"社会—民族学派"、"俗文学派"、"延安学派"等流派。1949 年后的 50 年间，除了特殊时期，又可分为"十七年"（1949 年 10 月—1966 年 6 月）和"新时期"（1976 年—2000 年）两个阶段。"十七年"时期，"延安学派"所提倡的民间文学的研究，得到了很大发展；而其他流派，诸如 30 年代兴盛一时的民俗学派和 40 年代兴盛一时的俗文学派，逐渐归于消歇。"新时期"的大约 20 年中，特别是 80 年代中期到 90 年代末，被冷落了多年的民俗学派又再次中兴，而俗文学派虽也有人倡导，但由于种种原因，却再也未能重振起来。流派或学派的视角的选择，是纵览百年学术史的一种有益的尝试，也提供了一个认识百年学术发展的思维模式。

第三，注意把民间文艺学的发展史与中国的国情联系起来考察，认为民间文学运动和民间文艺学的思潮，从来没有离开中国的具体国情而自我完善、自我发展，而是与中国国情、百年来发生的重大历史实践相联系，并成为中国民间文学学术研究的一个重要特点。"五四"时期，民间文艺学的诞生，是"反传统"的产物，作为新文化运动和新文学运动的一支生力军发挥了不可忽视的历史作用，提出"到民间去"，开始改变对农民和农村以及平民文化、平民文学的轻蔑态度。抗战时期，从内地迁徙到大西南的社会学—民族学者们所作的民间文学调查与研究，不仅以学者亲身的民族调查，为中国民间文艺学开了田野调查的先河，积累了大量极其珍贵的资料，而且，最为珍贵的是，使民间文学及其研究发挥了国家民族团结御侮的凝聚力作用。在民族危亡的大时代，民间文学研究者们以国家存亡、民族大局为至上，推动了学科的变革。同样，20世纪40年代，延安的学者和文艺工作者们在解放区所做的民歌与民间艺术搜集工作，改造旧说书、旧秧歌的工作，不也是抗战的大时代中适应时代和社会需要而符合规律的科学变革吗？正是他们不仅使陕北民歌（信天游）从偏远的陕北传遍了大江南北，以激越高昂的风格成为文学艺术百花园中一枝不朽的民间文学奇葩，而且也使韩起祥等说书艺人的名字和作品传之后世，不被历史烟尘所湮没。

刘　勍：《二十世纪中国民间文学学术史》这部110多万字的巨著被评定为国家社科基金项目优秀研究成果。这部书以极为翔实的史料为基础，以学术流派为线索系统地梳理了民间文学学术史的发展与转型，涉及歌谣、神话、史诗、民间传说、民间故事等多种文类。

您能谈谈创作这本书的背景和目的吗？为什么您不畏辛苦一定要编写这部书，您的初衷是什么？另外，您能谈谈这部书出版以后的影响吗？

刘锡诚：我在北大读书时起，就开始积累中国民间文学发展史的史料，20世纪50年代、80年代前后两度在中国民间文艺研究会（1987 年易名为"中国民间文艺家协会"）工作，也积累了大量的学科发展的史料，还亲自参与和经历了民间文艺界发生的一些事情。于是，在新世纪开始后不久，经过几年的酝酿，于2003 年下决心写作一部 20 世纪中国民间文学学术史，希图通过自己的研究，理清中国民间文学学科的发展脉络和思想理论体系，也许会有助于这门学科今后的发展和完善。

这个经国家哲学社会科学规划办公室批准的庞大课题的最终成果，一部 98 万字的《二十世纪中国民间文学学术史》，终于在2006 年完成并由河南大学出版社出版。

在步入古稀之年，决心写这部规模如此之大的、带有拓荒性质的学术著作，实在是件自不量力的事情。之所以下决心要写这本书，一是考虑到曾在民间文学工作岗位上前后工作了 40 年之久，需要为这门学科做一点事情，至少是表达一下自己的学术观点，也算了结多年来的心愿；二是这门学科虽然走过了一个世纪的漫长之途，却至今没有一部类似的书来梳理一下其发展的历史，总结一下它的成就和不足。从学科建设来说，民间文艺学是民间文学理论（包括原理体系和方法论）、民间文学史和民间文学学术史三者构成的，如果说，前二者先后都有人做过一些工作的话，而学术史的建构，理所当然就是一件刻不容缓的事情了。于是，我便不顾浅薄和年迈，在 2003 年的春天下了这个决心，申报并得到批准，立项为"2003 年国家社会科学基金项目"。经过三年多的艰苦撰著，最终于 2006 年 3 月 5 日完成并结项，出版。从 2012 年起开始进行修改、增补，于 2014 年 12 月底完成，形成

110万字的增订本，由中国文联出版社出版。

这本学术史的出版，以思潮和流派为主要的视角，把民间文学学科放在文化史上考量，初步梳理了我国近百年来民间文学学科发展的历史面貌，提供了历史经验的一孔之见，总结了成败得失。正如我向国家社科规划办提供的《简介》中所说："尽管以往学术界对中国文艺学史的研究积累还比较薄弱，历史上的许多人物、事件、著作、刊物，以及学术思潮的出现、形成、发展、交融、式微，学界还缺乏深入的探索，在这种粗率的学术环境下，作者以个人的力量，对这个习惯上被认为是'冷门'的百年民间文艺学学术史所做的全方位的考察与研究，显然是十分可贵的；无论在民间文学学科建构的完善上，还是中国式的民间文艺学理论体系的建设上，无疑都是有益的。起码可以暂时填补中国民间文学学科因长期无人问津而留下的一个空白，给高校文科教学和读者提供一个继续研究的参考。"

事实上，该书出版后，除了由中国文联理论研究室和中国民间文艺家协会以及河南大学出版社、中国文联出版社分别于2007年7月23日和2016年3月15日召开了座谈会，邀请专家学者们对初版本和增订本进行研讨和评论。嗣后，在报刊上陆续发表了几十篇评论和研究文章，从不同的角度给予评价。文艺理论家、中国文联理论研究室原主任仲呈祥在座谈会上发言："十余年来，刘锡诚先生不趋时，不从俗，甘于清贫，潜心学术，坐冷板凳，淡泊名利，令我辈敬佩。这部填补了空白的《二十世纪中国民间文学学术史》，其开拓意义和学术价值，将随着历史的推移愈益显现出来。所以就这一点，我想表示一种建议，就是刘锡诚先生这样的当代知识分子和理论工作者，我认为是中国文化的真正脊梁，特别是学术建设的脊梁。中华文化的学术史，正是他们一砖一瓦垒建起来的。当下的中国，太需要这种脊梁了。"施爱东在《学术史的范式意义》里说拙著开创了一种学术范式："一部好的学术史，绝不是对学术历程的简单编年、梳理，对学术成果的简单罗列、评点，学术史本身就包含了一系列的理论建构，其意义决不仅限于历史记录这么简单，它可能蕴含着一种深刻的学术革命的理想。我认为刘锡诚先生《二十世纪中国民间文学学术史》就具有这样一种范式革命的意义。"等等。①

在拙著出版后，它逐渐被学界认可，成为高校文科、主要是民间文学学科指定的必备参考书，如北京大学中文系、华中师范大学文学院，包括台湾花莲师范大学等某些高校，有的高校老师，如华中师大刘守华老师，还请在读的硕士、博士将本书分章写出自己的教案，在课堂上讲解、阐发。

2017年3月中国文联理论研究室和中国民间文艺家协会、中国文联出版社联合召开的《二十世纪中国民间文学学术史》（增订本）座谈会有一个记者的报道，概括了与会者发言的评价："中国文联党组成员、副主席夏潮，党组成员、书记处书记陈建文出席座谈会并讲话。座谈会由中国民协分党组书记、驻会副主席罗杨主持。陈建文对《二十世纪中国民间文学学术史》给予高度评价，认为该书是一部站在20世纪末期的学术制高点上，回望两千多年

---

① 详情参考座谈会新闻报道。

来中国民间文学整体样貌和学术品质的巨著，与中国民协的'一带一路'民间文化探源工程有着深层的精神契合。会上，李准、仲呈祥、乔晓光、冯立三、刘晔原、吕微、萧放、叶涛、陈泳超、施爱东等专家学者认为，20世纪是世界民俗学研究的'中国流派'诞生、成长，逐步走向成熟的世纪，该书作为我国民间文学领域的第一部学术史，以丰富的史料、卓越的史识对中国民间文学的百年历程进行了细致地梳理，全面展示了中国现代民间文学发展的历史概貌，填补了中国民间文学学术史著作的空白，也为民间文学乃至整个民俗学学科的发展起到了重要的推动作用。"

增订本的出版，要感谢中国文联副主席夏潮、书记处书记陈建文同志促成中国文联文艺基金会的出版资助，感谢中国文联出版社及责编顾苹同志，感谢中国文联和中国民协主持的第十二届民间文艺"山花奖"给予我"学术著作奖"！《二十世纪中国民间文学学术史》增订本的出版，被学界称为我的代表作，为我60年民间文学研究历程画上了一个句号。

投身非物质文化遗产研究的信念理念

刘　勍：您还有一个重要的成就，就是对我国非物质文化遗产保护理论所做出的贡献。近年来您在非遗方面写了不少的文章和专著，出版了《非物质文化遗产：理论与实践》等著作，这是对我国的非物质文化遗产保护理论建设非常重要的贡献。您能谈谈您写作非遗理论书籍的目的、写作理念及方法吗？

刘锡诚：前面说了，自 2002 年起，我捡拾起多年前所从事过的民间文化，主要是民间文学的行当，参与到非物质文化遗产保护的队伍中来，从事非物质文化遗产的理论研究、撰写文章，借以宣传非物质文化遗产在民族和文化上的价值以及开展保护工作的意义，希望能为提高公众的"文化自觉"、改进"非遗"理论的滞后局面尽自己的一份微薄的力量。

几年下来，我陆续写作了不少有关非物质文化遗产的文章和讲演稿，相继编选出版了《非物质文化遗产：理论与实践》（2009

年）和《非物质文化遗产保护的中国道路》（2016 年）两本文集。在我的这些文章中，其中最值得注意的，莫过于《非遗十题——我国"非遗"保护若干理论问题的探讨》一文。其所触及的一些理论问题，如非遗是国学，非遗的文化属性、价值判断、基本特点，非遗的文化渊源、民间信仰，文化区、文化圈、文化飞地，非遗保护的中国模式，学科建设，等等，就这诸多的理论问题作了一些思考和阐释。这许多理论问题，归结起来，就是我国的非遗保护已经形成了名录建设、传承人保护、文化生态保护实验区等一系列举措构成的"中国模式"。2015 年 5 月文化艺术出版社在编选一套十卷本的《非物质文化遗产保护理论与方法丛书》约稿，不仅把拙著纳入撰著行列，而且由编者为拙著定名为《非物质文化遗产保护的中国道路》①。这部选集所收文章，从写作时间上说，最后一篇文章《探索城镇化进程中"非遗"保护寻途径》，是 2014 年 6 月 18 日在文化部非遗司和国家非遗保护中心举办的"城镇化进程中的非物质文化遗产保护论坛"上的发言，2015 年 3 月 20 日发表在《中国艺术报》上。

---

① 刘锡诚：《非物质文化遗产保护的中国道路》，文化艺术出版社，2016 年。

第四章 / 抢救我国民族民间文化遗产

民间文化是民族的根脉

刘　勋：2002 年春，在北京的 85 位人文学者联合发表了《抢救中国民间文化遗产呼吁书》，随即中国民间文艺家协会发起"中国民间文化遗产抢救工程"。

请结合您的亲身经历，谈谈发起这项工程的初衷和意义。

刘锡诚：关于人类口头和非物质文化遗产面临损坏以至消亡的问题，从 20 世纪 80 年代以来已引起了世界各国政府和联合国教科文组织的严重关切。多年来，联合国教科文组织一连通过一系列文件：1989 年的《保护民间创作建议书》、2001 年的《教科文组织世界文化多样性宣言》、2002 年第三次文化部长圆桌会议通过的《伊斯坦布尔宣言》以及 2003 年的《保护非物质文化遗产公约》。这些文件的条款以及所阐明的思想，得到了包括我国在内的世界各国学者和政府的认同。

在我国，1999 年 9 月 18 日，在昆明、丽江召开了"云南民间文化、生态环境及经济协调发展高级国际研讨会"，我应邀到会作了一个题为《社会经济发展与民间文化的保护》为题的报告，提出了三点建议：第一，在小学生中加强传统民间文化的教育，包括在课本中加进这方面的内容，以增进学生的民族文化和乡土文化观念与知识。在有条件的少数民族地区，开展双语教学，防止少数民族学生忘掉自己民族的语言和文化传统；第二，在有条件的地区，特别是少数民族聚居地区建立民间文化博物馆，在全国建立中国民间文化博物馆；第三，要充分估价民间文化在民族发展中的巨大作用以及它对民族文化的贡献和所处的地位，反对那些由于无知或故意低估民间文化的价值的观点。在强调做保护工作的时候，既不能坚持"凡是存在的都是合理的"，也不能回到极左的"越是精华越要批判"的思路上去，要坚持历史唯物主义的观点。这个报告发表于《民间文化》1999年第4期和纽约出版的华文杂志《中外论坛》2000年第2期上。这说明，保护民间文化已成为大家关心的热门话题。

2002年春，在中国民间文艺家协会主席冯骥才的倡导下，发起实施"中国民间文化遗产抢救工程"，85位人文学者在北京发表了《抢救中国民间文化遗产呼吁书》。接着，我国政府，以文化部为主导的"中国民族民间文化保护工程"在全国各省有选择地开始试点，有序地付诸实施，可望成为21世纪最能经得起时间检验的文化项目。

国人可以感受到，在经济全球化的形势下，由于民间文化所赖以生长和存活的农耕文化及其相关的自然环境和社会环境的变迁，特别是随着现代化和城镇化进程的推移，农民进城务工引发的人口的大流动，广播电视的普及使全民信息化水平的提高，负载着丰富的民间口头文学和掌握民间艺术和技艺的艺人的日益减少乃至死亡，使民族的"文化记忆"出现中断的概率增加，使我们中华民族传之既久的口头与非物质文化遗产大面积地面临着被遗忘、遭损坏、消失和破坏的严重威胁。而这种情况，无疑已成为我们民族的不能承受之痛。

作为国家哲学社会科学基金特别委托项目，中国民间文艺家协会实施的"中国民间文化遗产抢救工程"，是我国非遗保护的另一条战线，经过调查，于2007年6月3日认定了166位"中国民间文化杰出传承人"。多年来在杰出传承人的研究、传记的写作等方面，做出了可喜的贡献，从2009年起陆续出版的"中国民间文化杰出传承人丛书"，涵盖民间文学、民间艺术、手工技艺和民俗四个非遗类别，成为"中国民间文化杰出传承人"领域里至今唯一一套口述史性兼评传性的丛书。

刘 勍：您的研究文章中，多次提起民间文化的对象——"社会底层人民"和"老百姓"，我觉得这是因为您对民间的感情特别深，请您跟我们讲讲您理解的民间文化。

刘锡诚：民间文化是民族的根脉，我这样说绝非夸张。一个失掉了自己的民间文化的民族是可悲的民族。事实上，直到今天，非物质文化遗产或民间文化遗产也仍然是亿万中国老百姓所创造和所享用的文化，只要到农村去走走、看看，便会发现，农民兄弟们无时无刻不是生活在民间文化中，须臾离不开，也从来没有离开过民间文化。从住宅的布局，家族的绵延理念，家庭成员之间的关系，对祖先的追念和祭奠，婚丧嫁娶、迎来送往的礼仪，道德伦理准则，节庆的仪式，等等，可能因富裕程度的不同而简繁不一，可能在现代化信息化形势下逐渐趋于简化，但其遮蔽着的、埋藏在老百姓内心深处的理念却没有变化，没有失忆。他们可以违抗村长，但他们绝不敢违抗神灵。他们可以违抗政令，但他们绝不敢违背习俗。政府的政令，农民可能不知道，比如我们在电视上看到，连中央颁布的农田补贴，尽管频繁报导，还是有许许多多的农民并不知有此事，但重要的村规乡约，几乎没有人不知道、不重视，几乎也没有人敢故意违抗。

其实，普通老百姓，无不生活在两重世界中：一方面，他们在共产党和人民政府的领导和帮助下，一心一意奔小康；另一方面，传统民间文化中所包含和宣扬的一些思想观念，仍然是老百姓的日常生活所崇尚和遵循的理念和准则。他们以"自强不息"为文化精神，在民族危难中永远是中华民族的脊梁；他们是共产党在农村的最积极最可靠的支持者。民间文化就如同母亲，母亲的脸上刻满了风雨剥蚀留下的皱纹，皱纹里也许粘满了污垢，甚至在嶙峋的颧骨上还带着种种伤痕，但她永远是我们亲爱的母亲。民间文化也一样，它体现着我们民族崇尚的生生不息的民族文化精神，虽然也不乏巫蛊、迷信等的残留的影子，但它毕竟是我们民族之根。

我与“中国民族民间文化保护工程”

刘　勃：据我了解，中国民间文化遗产抢救工程，是在以往民族民间文化保护工作成果的基础上开展的，您能为我们具体介绍一下“中国民族民间文化保护工程”，以及您在其中的角色和作用吗？

刘锡诚：在文化部社图司的指导下，中国民族民间文化保护工程国家中心策划与组织的、我参与起草和编辑的《中国民族民间文化保护工程普查工作手册》，经过许多专家大半年的努力，于2005 年 5 月由文化艺术出版社出版。

在全面铺开的全国民族民间文化的普查工作中，这本《手册》不仅在传授以田野调查为主要内容的普查知识方面，而且在不同民族、不同地区普查工作的科学化和规范化方面，作为一种重要的参考读物发挥了指导规范、统一步调的作用。也许是因为我是《手册》的撰稿人和统稿人之一的关系吧，《手册》定稿和出版后，中国民族民间文化保护工程国家中心于 2005 年 5 月 20 日在京举办了"国家级非物质文化遗产代表作名录申报培训班",国家中心的负责同志要我向培训班的朋友们作了讲座,我讲的题目是《民间文化的普查与分类问题》,其核心内容就是对《手册》的内容,主要是对普查和分类,作简要的阐释。

《手册》里所用的名称是"民族民间文化"。这个专有名词,是我们国内学界约定俗成的一个称谓。意谓由民众以口传心授的方式集体创作出来、传承下去,又为民众所享受的传统文化。联合国教科文组织 2003 年通过《保护非物质文化遗产公约》之后,我国全国人大常委会就批准了这个国际公约,政府随之成为这个公约的缔约国。于是,为与国际文件接轨,在我国的法定文件中,开始采用"非物质文化遗产"一词来代替"民间文化"一词。其实"民族民间文化"与"非物质文化遗产"是两个同义的词汇,在《普查手册》里,这两个名词在不同的场合里交替出现,也许更多的地方沿用习惯的称谓"民族民间文化"或"民间文化",其实含义都是一样的。但要特别说明的是,"中国民族民间文化遗产保护工程"作为一项为期 20 年的国家文化工程,则是"非物质文化遗产"保护工作的一个部分。

自中华人民共和国成立以来,民间文学经历过两次普查,第一次,是 20 世纪五六十年代的全国民族调查,在这次民族调查中,对各少数民族的民间文化做了有史以来第一次全面详尽的学科调查和记录。第二次,是 20 世纪最后 20 年间的民间文学三套集成,这次普查所搜集采录的民间作品是 20 世纪最后 20 年间还"活"在民间社会中的民间文艺。这些民族民间文艺或民族民间文化普查或调查，为 21 世纪之初将要全面开展的中国民族民间文化保护工程的全面普查打下了坚实的基础。

在编写《普查工作手册》的过程中，经过多学科的专家们的多次讨论，权衡利弊，几易其稿，最后确定把我国民族民间文化分为 16 大类：1. 民族语言；2. 民间文学口头文学；3. 民间美术；4. 民间音乐；5. 民间舞蹈；6. 戏曲；7. 曲艺；8. 民间杂技；9. 民间手工技艺；10. 生产商贸习俗；11. 消费习俗；12. 人生礼仪；13. 岁时节令；14. 民间信仰；15. 民间知识；16. 游艺、传统体育与竞技。①

这样的分类，显然与教科书上的分类法不同，相对说比较细化。所以这么做，主要考虑既要符合科学性，又要考虑在普查时的可操作性，也便于普查所得资料信息化处理。可以说，可操作性成为我们的第一选择。"意识形态类"民间文化，即以往我们习惯称的民间文学，就是口头文学、民间艺术，包括音乐、舞蹈、戏曲、曲艺、美术等，在普查中要记录文本，同时也要记录或附加有关民俗生存环境背景，即非语言因素的材料。"生活形态类"的民间文化，即以往我们习惯称的民俗，既有生产商贸习俗、消费习俗，也有岁时节令、人生礼仪等，则要求在调查中采用文字记录和录音录像等手段做全面的记述。二者的共同点，是强调调查记录的综合性、立体性，避免调查记录的单一性和片面性。

---

① 中国民族民间文化保护工程国家中心编：《中国民族民间文化保护工程普查工作手册》，文化艺术出版社，2005 年。

"中国民族民间文化保护工程"和非物质文化遗产保护

刘　勍：2003 年，为全面保护民族民间文化，我国文化部又发起了"非物质文化遗产保护"活动。您能谈谈"非物质文化遗产保护"与"中国民族民间文化保护工程"这两项工作之间的区别和联系吗？

刘锡诚：前面说了，我国的非物质文化遗产保护，最初于 2003 年启动时，叫"中国民族民间文化保护工程"。当时文化部、财政部还制定了《中国民族民间文化保护工程实施方案》。根据这一方案，该项工程计划从 2004 年到 2020 年分三个阶段实施。第一期从 2004 年至 2008 年，为先行试点和抢救濒危阶段；第二期从 2009 年至 2013 年，为全面展开和重点保护阶段；第三期从 2014 年至 2020 年，为补充完善和健全机制阶段。

2004 年 8 月我国人大常委会批准了联合国教科文出台的关于

"非物质文化遗产"的文件后，与国际接轨，从原来的"民族民间文化保护工程"转而为"非物质文化遗产保护"工程。具体来说是这样的：

《中国民族民间文化保护工程实施方案》中，对"民间文化"（民族民间文化）的含义是这样解说的："我国是一个历史悠久的文明古国，56 个民族在长期的历史发展进程中，不仅创造了大量的有形文化遗产，也创造了丰富的无形文化遗产，包括各种神话、史诗、音乐、舞蹈、戏曲、曲艺、皮影、剪纸、雕刻、刺绣、印染等艺术和技艺及各种礼仪、节日、体育活动等。中华民族血脉之所以绵延至今从未间断，与民族民间文化的承续传载息息相关。"

2005 年 3 月，国务院办公厅颁发了《关于加强我国非物质文化遗产保护工作的意见》，在这个文件中，我国政府第一次以国家文件的形式采用了"非物质文化遗产"这一术语，同时放弃了以往惯用的"民间文化"，即民族民间文化。出台这一文件的当时，除了作与国际接轨理解以外，我们没有看到在相应的场合对这一改变做出官方的解释。到 2005 年 12 月，为建立我国"文化遗产日"，国务院下达的《关于加强文化遗产保护工作的通知》，对"非物质文化遗产"作了政府的表述："非物质文化遗产是指各种以非物质形态存在的与群众生活密切相关、世代相承的传统文化表现形式，包括口头传统、传统表演艺术、民俗活动和礼仪与节庆、有关自然界和宇宙的民间传统知识和实践、传统手工艺技能等，以及与上述传统文化表现形式相关的文化空间。"关于"非物质文化遗产"的这一国家表述，基本上是移植和认同了联合国教科文组织《公约》的定义。

对照联合国教科文组织《保护非物质文化遗产公约》，发现我们学界惯用的"民间文化""民族民间文化"，与联合国教科文组织所创立、我国已采用的"非物质文化遗产"这两个术语及其含义之间，并不能画等号，二者之间是有差异的。从"民间文化"与"非物质文化遗产"异同的视角看，以往我们的学术界和国家文件中所指称的"民间文化"，主要是指那些为不识字的下层民众以口传心授的方式所集体创作、世代传承和集体享用的文化，是与贵族文化、上层文化、精英文化等这类概念相对立的。而"非物质文化遗产"这个新的概念，则不重视其创作者和传承者是否为下层民众，而只注重"世代相传"的创作和传承方式，以及在社区和群体中被创造、再创造和认同感。

根据我个人的理解，"非物质文化遗产"概念下所包括的内容范围，要比"民间文化"宽和大。比如我国申报并已列入世界非物质文化遗产名录的维吾尔族木卡姆和蒙古族长调，属于过去我们所理解的"民间文化"，因为这些项目不但其作者属于下层民众，传承方式是世代口传心授，并在群体传承中"被不断地再创造"。而另外两个项目，古琴和昆曲，以及已经列入我国国家级非物质文化遗产第一批名录的京剧、西安鼓乐、智化寺京乐、景泰蓝、象牙雕刻等手工技艺等，就并非出自下层民众之手的"民间文化"，要么是有文人参与才广为流传，要么是自宫廷中下降或流落到民间的，要么是由寺院保存下来的宗教文化音乐，但它们符合联合国教科文组织《公约》中所规定的"世代相传"和在社区、群体中传承，具有"被不断地再创造"和有"持续的认同感"。可见"世代相传"，传承是理解"非物质文化遗产"和"民间文化"的共同性的一个关键。

我们换一个视角，如果从文化的视角来看。联合国教科文《公约》中规定的"非物质文化遗产"的类别中，还有一些门类或项目，是我们过去多数人所理解的"文化"概念中未包括进来的，如第三项"社会实践、礼仪、节庆活动"；第四项"有关自然界和宇宙的知识和实践"；第五项"传统手工艺"。对我国基层的文化工作者来说，这些项目和类别都是陌生的领域。其实，这些领域，包括本来就是文化的题中应有之义，是一个民族文化的重要组成部分，不过因为我们过去所理解的"文化"过于狭窄了，把许多本属于文化范围的内容给忽略掉了或排挤掉了。

随着中国民族民间文化保护工程和中国民间文化抢救工程的普及和深入，非物质文化遗产即我们习惯说的"民间文化"的文化性质问题，日渐成为参加民间文化遗产保护工作的人员，特别是领导者、组织者普遍关心的问题。

非物质文化遗产保护工程是在以往民族民间文化保护工作成果的基础上，结合新时期的新情况和新特点，由政府组织实施推动的，对珍贵、濒危并具有历史、文化和科学价值的民族民间传统文化进行有效保护的一项系统工程。所以，如果看本质的话，就如非物质文化遗产或民间文化遗产能够在如此漫长的历史征程中经历许许多多包括政治灾难和民族浩劫在内的劫难而不衰，而且在流传过程中因不断吸收新的因素，包括思想、扬弃失效的或过时的因素而产生嬗变和更新，在民族或群体中获得生存和继续传袭下去的活力，它自身就包含着存在和发展的合理性。

编纂《中国民族民间文化保护工程普查工作手册》

刘　勍：您还应邀为《中国民族民间文化保护工程普查工作
手册》（2005年版）撰写了《保护与普查概说》和《民间文学调
查提纲》，并担任了全书的统稿工作。您能谈谈您在这项工作中的
角色和作用吗？这些基础性文件及手册对非遗保护具有指导性，
您最难忘或最深刻的事情是什么？同类型的工作都有什么？

刘锡诚：自2004年7月起，中国民族民间文化保护工程国
家中心开始组织编撰《中国民族民间文化保护工程普查工作手
册》，我应邀为该书撰写了《保护与普查概说》及《民间文学调查
提纲》，并担任了全书的统稿工作。这本手册在以往我国非物质文
化遗产保护工作的基础上，尤其是在注重"十部中国民族民间文
艺集成志书"的工作基础上，对21世纪的普查工作提出了更加全
面、科学、具体的规定与办法，特别是针对目前各地保护工作中
普遍遇到的普查标准不统一、普查方法缺乏科学指导、普查思路

不够清晰、普查分类不够明确、实际操作不得要领等共同问题，从学术概念到实践方法，从工作思路到标准操作，都给予了准确和规范的梳理、阐述和指导。

《手册》从实际工作的角度出发，结合我国的具体实践，将联合国教科文组织对非物质文化遗产进行的 5 项分类扩大为 16 类①。《手册》第一次结合现代科学技术制定了较为标准规范的分类代码，并根据各门类不同特点，分别介绍了各自具体的调查方法、制定了细致的调查提纲和调查表格。对于普查的成果，也提出了切实可行的保管办法。《手册》还结合"保护工程"的深入开展和建立国家级非物质文化遗产代表作的工作，为确立代表作名录的实际操作，提供了科学的工作思路与方法。因此，《手册》在指导我国非物质文化遗产保护和"保护工程"实施等方面，比以往有了较大突破。

刘　勍：您觉得这些工作对后续的非遗普及及指导有哪些推动作用？

刘锡诚：在"政府主导、社会参与"的保护原则下，拥有专家优势的中国民协是积极参与非物质文化遗产的抢救和保护的一支劲旅，该会启动的中国民间文化遗产保护工程被列入全国社会

---

①民族语言、民间文学、民间美术、民间音乐、民间舞蹈、戏曲、曲艺、民间杂技、民间手工技艺、生产商贸习俗、消费习俗、人生礼俗、岁时节令、民间信仰、民间知识及游艺、传统体育与竞技。

科学规划办公室特别委托项目以来进展顺利，得到了包括许多相关省市政府、文化界、出版界和媒体在内的广泛支持，取得了骄人的成绩。在 2005 年，作为非物质文化遗产精品的《中国木版年画集成·杨家埠卷》隆重问世，得到了国内外舆论界的好评。继而，《中国民间口头与非物质文化遗产推介丛书》第一辑、在中国民间故事集成县卷本基础上改编的《中国民间故事全书·大理卷》陆续出版发行。在新的学术理念下形成的"民间文化杰出传承人"和"古村落"保护项目，先后于 2005 年立项并启动后，各地分会和有关单位正在积极行动中，"民间文化杰出传承人"项目进展较快的吉林省已在调查基础上完成了"认证"手续。在学术支持上，中国民协与江西省政府联合举办了 2005 江西国际傩文化艺术周和傩文化国际学术研讨会、与榆次联合举办了保护古村落县市长论坛、与张家港联合举办了长江民族民间文化保护和利用研讨会。

非物质文化遗产政策制定与评审

第五章

我承担的非物质文化遗产保护任务

刘　勍：近些年来，非物质文化遗产保护工作进行得有效率、有效果，而您作为国家非物质文化遗产保护专家委员会委员，参与了很多非遗保护文件的制定、项目和传承人评审，可以说，从非遗保护工作刚刚起步开始，您就参与其中，您目睹了我国非遗保护发展到今天的全过程，对非遗保护领域的研究有自己相当独到的见解。

请结合您的经历，讲讲您做的工作都有哪些？

刘锡诚：非物质文化遗产保护工程开展以来，我主要参加了三方面的工作：一、开展讲座和宣传，培训干部；二、参加非遗名录和传承人的评审，主要是民间文学类，我是召集人；三、在文化部非遗司的组织下，到三个省（山西、陕西、江苏）督查。参加文化部或各省文化厅主办的各种培训班讲课，培训干部。

最早一次讲座是 2005 年 5 月 20 日，在中国民族民间文化保护工程国家中心举办的"国家级非物质文化遗产代表作名录申报培训班"上作讲座，主题是"关于民族民间文化普查与分类问题"。当时我讲了几个方面。

那时候非遗这个说法刚刚进来，大家都很陌生。先要告诉大家民族民间文化和非物质文化遗产的关系。然后就是我国本土的名称、民族民间文化普查的思路以及我国的民间文化普查的三次历史，还有全面性、代表性、真实性为普查工作的指导原则，以及国家普查的目的是什么，重要性是什么。

大家面临的实际问题就是怎么普查。给这些即将做实际工作的人培训，必须要讲清楚，讲透了，把实操工作讲到位。普查工作大致可划分为三个阶段：普查准备阶段；实地普查阶段；普查总结阶段。普查准备阶段又可分两步：第一步，制订普查计划、拟订普查提纲、制作登记表格、绘制普查地图、谁去普查等等；第二步，实地调查。实地调查的主要工作，是面对面地采访、记录、描述，并搜集相关的民俗实物。参加普查的人员一律要填写登记表格。每到一地，要在普查地图上作出标记。把采集到的口头文学、民间艺术品、民俗实物等进行摄影摄像的描述和记录。进入普查总结阶段以后，除了对组织工作进行必要的总结外，还要撰写普查报告。还教了大家调查方法，在普查中如何调整自己的身份和定位。怎么处理普查时遇见的问题，这些都有涉及。另外告诉大家验收制度是什么，比如民间文化资源种类最后确定把我国民族民间文化分为16大类。16类是什么？普查手册和以往教科书上分类不一样，相对细化，因为偏重大家的可操作性。所以普查工作者头脑要清晰，心中要有数。还有资料的价值体现和保存，比如文本和图表的资料等等。

接下来，2005 年 4 月，在中国艺术研究院民族民间文化保护国家中心主办的全国普查培训班；2006 年在山东省文化干部培训班；3 月 14 日在河南省文化干部培训班；4 月 25 日江苏省文化干部培训班连续作《非物质文化遗产普查的思路和实施》的讲座报告。在这些讲座的讲演中，我的一个重要观点，是把非物质文化遗产分为两大类：一个部类是意识形态类；一个部类是民俗生活类。前者比如口头文学、表演艺术、具象艺术，如民间美术。后者除了平常所讲的风俗习惯、人生礼仪、节令岁时、生产商贸、民间信仰等外，还有一些综合性的民俗文化活动，如庙会、节庆、祭仪祭典、歌会等。

2006 年 6 月，在首都博物馆举办的读者讲座，讲题是：《非物质文化遗产的若干理论问题》。在这个讲稿的基础上，在《中国非物质文化遗产》辑刊第 1 辑上发表了《关于民间信仰和神秘思维问题——兼谈非物质文化遗产的理论问题》一文，提出了一个口号："民间信仰不是烫手的山药"。我的观点是：民间信仰是一种普遍的民间文化现象，是在任何民族中、任何社会阶段上、任何国家中都存在的。民间信仰是一种伴随人类社会发展始终的文化现象。只要有人类社会的存在，就会有民间信仰的存在。一个了解了社会发展规律的马克思主义者，是不必也不应对民间信仰的普遍存在感到大惊小怪的。民间信仰的社会和思想根源是原始先民的万物有灵观，的确是一种"不可抗拒的命运"。社会发展和社会调查都证明了，以灵魂观念为根基和核心的民间信仰，绝不仅仅是在恩格斯所说的"远古时代""那个发展阶段上"才有的"一种不可抗拒的命运"，甚至在我国当前的无神论占主导地位的社会形态下，也还无处不在。生活在社会和群体中的人，往往一方面是现实主义者，另一方面又是民间信仰的笃信者。中国是一个没有国教的国家，民间信仰因此而特别发达，山、水、木、石，花、鸟、虫、鱼，无不有灵，什么对自己有利就信仰什么，故民众的民间文化即非物质文化遗产中也就夹杂了许许多多的民间信仰的因素，有的甚至是民间信仰成为非物质文化遗产事象的基调和驱动力。如一个民间舞蹈，也许是为驱邪逐疫（驱傩）或祈求五谷丰登（求雨）而编、而舞的；一部歌唱部落战争的民间诗歌或传说，其中那些上天入地的神灵或神力，可能就是该民族信仰的萨满及其观念的化身；一个被《公约》中称为"文化空间"的庙会，大多以俗神信仰为理念，如碧霞元君，既是民众展示社团凝聚力和散发剩余精力的场所，又是通过俗神信仰寄托他们的希望与希冀的时机，如果将民众对某些民间俗神的崇拜剥离掉，那么庙会就不存在了。

民间文化往往是与民间信仰不可分离的，而这种状况又是由生活本身所决定的，人们在生产力和心智都很低下、活动范围极其狭小的环境下，把生命和生活的希望与人生理想寄托在对一些触手可及的俗神的信仰和崇拜上，自是顺理成章的；反过来，在这种普泛性的民间信仰中，既有迷信的成分，也有理信的成分，对之要做细致的理性的分析，既不可苛求——苛求民众完全放弃民间信仰那不是历史主义者和现实主义者所为，也不可简单地责之为"封建迷信"而把民间信仰视为一枚烫手的山药。理信是任何一个公民（不论知识水平高低、拥有的财富多寡）都可以拥有的精神的、哲学的、生活的崇高信念，您可以崇尚善行，我可以信仰天国，总之，不论它是唯心的还是唯物的，这是人之为人的权利和信念。

民间信仰的弥漫性特点，注定了民间信仰与民间文化永远处于难解难分的胶合状态，而这种状况的普遍存在，是大多数非物质文化遗产即民间文化发展的历史合理性和历史必然性之所在，没有民间信仰的参与或影响，反倒是不可理解的了。而在某种情况下，民间信仰甚至是作为民间文化发展的内驱力而存在，这也是人力所无法更易的、"不可抗拒"的规律。所谓"不可抗拒"者，既显示其发展流变的合理性，当然也包括历史的局限性。俗话说：母亲不嫌儿丑。况且美丑也是相对的。还有句俗话说：情人眼里出西施。我们不能也无权看到民众的民间信仰中既包含着理信也夹杂着迷信，就嫌弃我们的民众落后和愚昧？可见认识世界、达到真理，并不是一件容易的事。我国的非物质文化遗产就是在这样复杂的境况下，像滔滔的江水那样，不舍日夜地流向远方，一代一代地塑造着和传递着我们中华民族生生不息、自强不息的伟大民族精神。

2006 年 7 月 15 日，我在贵州省雷山县西江千户苗寨吃新节开幕式上演讲了《芦笙响处，苗族吃新节》。2006 年 8 月 29 日，在辽宁省非物质文化遗产培训班上演讲了《新世纪民间文学普查与保护的若干问题》。2006 年 11 月 15 日在中国艺术研究院研究生院非物质遗产班上演讲了《新世纪民间文学普查与保护的若干问题》。2007 年 6 月 2—4 日在中国艺术研究院、台湾东吴大学主办，中国艺术研究院艺术人类学研究中心、中国艺术人类学学会承办的"2007 非物质文化遗产保护中的田野考察工作方法研讨会"上发言：《民间文学调查的理念和方法》。2007 年 6 月 8 日在北京市宣武区湖广会馆上演讲了《关于非物质文化遗产的一些理论思考》。

2007 年 6 月 12 日，在上海民博论坛上演讲了《转变理念正当时——有关文化理念的再思考》。在这次演讲中，我对作为非物质文化遗产组成部分的民间信仰的文化性质和地位发表自己的意见，引起了非遗理论界的重视，如邢莉教授曾在《西北民族研究》（2016 年第 4 期）发表文章《民间信仰与非物质文化遗产——兼论刘锡诚对于民间信仰的思考》予以肯定和评论。我在这次演讲中说："从政府的层面说，我们接受了联合国教科文组织《公约》及其理念，但从两年来我们的实践来看，却又并没有完全转变理念，或者说，我们的保护实践与联合国的理念之间，还有一段不小的距离。譬如，我们比较重视非物质文化遗产中的'表演艺术形式'部分，如第三项属于民俗的礼仪和节庆活动，第四项图腾信仰、民间信仰以及文化空间（如庙会祭典中俗神崇拜）等涉及意识形态的领域，则更多地持否定性态度，这不仅与联合国教科文组织的《公约》的理念不符，而且仍然在坚持一种非唯物史观的文化观。在第一批国家名录的评审工作接近尾声时，曾经发生过一件令人震惊也引为教训的事情：一个经由省级专家组通过签字、由省文化厅报到文化部、国家专家评审组并得以通过了评审的民族民间叙事诗项目，却突然有一位领导干部出面干预，使这个讴歌民族起源和民族图腾的民族长篇叙事诗项目，由于他的干预而被拉了下来，从而湮没无闻。重视表演艺术形式而忽视或轻视民俗生活和礼仪、忽视或轻视有关自然和宇宙的知识等领域的非物质文化遗产，是我们长期以来固守的文化理念，这种狭窄的、多少有些误谬的文化理念，还多多少少残存在许多主持其事的文化工作领导干部的头脑之中。我们的祖先留给我们的丰富而珍贵的'民间知识'，如天象、农耕、田猎、游牧、航海、历算、风水、强身、祖先崇拜及民俗仪礼等，曾经养育了我们一代代中华子孙，积累和丰富了中华传统文化，培育了被称为'礼仪之邦'的中华民族，但遗憾的是，这些领域却很少得到各级文化部门的关注和发掘。"

同年7月4日，我在贵州省黔东南州举办的"原生态文化高峰论坛"和中国民间文艺家协会、浙江省文联、嘉兴市人民政府主办的"第二届江南民间文化保护与发展·海盐论坛"的演讲中，提出和阐述了非遗的"整体性、原生态保护思想"，特别是提出了"民间信仰是非物质文化遗产的重要组成部分，也是建设和谐社会的重要组成部分"的思想。这篇文稿后来发表在《凯里学院学报》2008年第1期。

2008年6月28日，在苏州市非物质文化遗产普查工作培训班上演讲了《新世纪民间文学普查与保护的若干问题》。同年10月8日，在中国非物质文化遗产保护中心主办的"非物质文化遗产项目保护暨传承人培训班"上演讲了《民间文学的基本特征与资源调查》。

2010年12月12日，在亚太地区非物质文化遗产国际培训中心在贵阳举办的"非遗"传承人培训班上演讲了《论非遗传承人的保护方式》。同年12月21日在中国艺术研究院研究生院主办的新疆班上演讲了《"非遗"背景下的民间文学调查搜集》。

2011年9月16日，在新疆师范大学举办的"第一届中国西北地区民间文化遗产保护与传承研究高级培训营"的讲座，2012年4月16日、23日在中国艺术研究院研究生院等单位演讲了《非遗十题——理论问题的探讨》。

2012年6月8日，在中国艺术研究院艺术人类学研究中心演讲了《及戏及怪　无侵于儒——走进巴渝文化》。同年8月7日，在绍兴市古香榧传说调查队调查人员培训班上演讲了《关于香榧传说调查及相关问题的一些思考》。

2013年2月21日，在文化部和中国非物质文化遗产保护中心召开的"传统节日文化论坛"上演讲了《传统节日文化的继承与发展》。同年6月25日在浙江省非物质文化遗产保护工作研讨班上演讲了《非遗时代的民间文学及其保护问题》。同年11月13日，在中国非物质文化遗产保护中心于郑州主办的全国培训班上演讲了《关于民间文学类非遗项目的申报和保护》。同年11月20日上午在中国艺术研究院非遗数字化保护中心举办的全国非遗数字化保护培训会上演讲了《民间文学数字化的学理探讨》。11月20日下午在中国艺术研究院非遗数字化保护中心举办的全国非遗数字化保护培训会上演讲了《对民间文学类非遗数字化采集的一些理解》。12 月 18 日在第二批国家级非遗保护研究基地命名颁牌仪式上演讲了《理论与实践：保护的两翼》。①

---

① 由刘锡诚先生结合其非遗保护工作记录进行了审定。

担任国家非物质文化遗产专家委员会委员

刘　勃：文化部从 2003 年启动非物质文化遗产保护工程以来，您便被聘为国家非物质文化遗产保护工作专家委员会委员，根据您的业务专长，您被分派在民间文学组，并担任组长。请您谈谈担任委员的经历，并谈谈在那段时间，您印象最深刻、最难忘、最遗憾的事。

刘锡诚：我国民间文化、非物质文化遗产抢救和保护运动的兴起，把我这个"躲进小楼成一统"的文化人也带动了进来。尽管我是个退休多年的老者，在保护民间文化的思潮的推动和激发下，自 2002 年起，我也暂时中断了文学批评与散文随笔的写作和专门课题的研究，重新捡拾起多年前所从事过的民间文化，主要是民间文学，参与到非物质文化遗产保护的队伍中来，把大部分精力投入非物质文化遗产的保护、考察、咨询和理论探索上。有时是参与讨论制定某个文件、评审申报项目及名录、评审认定传承人、论证某个项目，有时是应邀向一些省市的非物质文化遗产保护中心举办的培训班或中国艺术研究院、中央文化管理干部学院等专业机构的学员班授课，有时是为地方的非物质文化遗产项目的申报与保护提供咨询帮助、考察督导。更多的则是根据自己的知识积累、亲身感受和专业经验，从事非物质文化遗产的理论研究、撰写文章，借以宣传非物质文化遗产在民族和文化上的价值以及开展保护工作的意义，希望能为提高公众的"文化自觉"、改进"非遗"理论的滞后局面尽自己一份微薄的力量。

（一）先后主持了四批国家级非物质文化遗产（民间文学类）名录的评审工作：第一批国家级非遗名录"民间文学类"31项；第二批国家级名录"民间文学类"53项，扩展项目5项；第三批国家级非遗名录"民间文学类"40项，扩展项目8项；第四批国家级非遗名录（民间文学类）30项，扩展项目7项。

先后主持了民间文学类代表性传承人的评审认定工作：2007年6月5日评审认定的第一批"民间文学类"项目代表性传承人32名。2008年主持评审认定的第二批"民间文学类"代表性传承人104人。2009年3月21日主持评审认定的第三批"民间文学类"代表性传承人26名。2012年主持评审认定的第四批"民间文学类"代表性传承人20名。

2013年1月5日至4月10日起草了"国家级非物质文化遗产代表性传承人抢救性记录工程民间文学类业务标准"。

先后参与两批"国家级非遗保护研究基地"的评定和命名：2013年1月16日第一批四个"国家级非遗保护研究基地"的命

名并颁牌，2013 年 12 月 18 日第二批九个"国家级非遗保护研究基地"的命名并颁牌。

2014 年 12 月 17 日起草了《非物质文化遗产数字化保护专业标准》《数字资源著录规则》（第 2 部分：民间文学）。

（二）撰写文章，力求运用马克思主义的唯物史观阐释非物质文化遗产的文化性质等若干理论问题。从 2003 年起，我就在一些能够参加的会议上斗胆提出并公开发表文章，如《非物质文化遗产与民族文化精神》《非物质文化遗产的文化性质问题》等，一再重复这样一个观点：我国的文化研究和"非遗"保护是在理论准备严重不足的情况下上马的。新华网 2006 年 1 月 24 日就拙文《文化发展和研究需要成熟的理论体系》发表社评说："中国中央党校主办的《学习时报》第 321 期刊登文章《文化发展和研究需要成熟的理论体系》。文章指出，在全民族民间文化的保护方面，理论准备严重不足，长期以来存在着把文化等同于政治、非好即坏的二元对立理念，如何正确认识文化的发展和嬗变规律十分必要，最基本的一条是在继承中发展，文化研究要迎头赶上，要在开展实地调查的基础上发展和深化文化研究，建立有中国特色的文化理论体系。"《学习时报》的编辑以及新华网的社评，给我的理论探索的肯定和支持，激发了我这个过着闲云野鹤生活的"边缘人"继续参与现实、进行理论探索的勇气。

多年下来，我陆续写作了几十篇有关非物质文化遗产的文章和讲演稿，大部分在各类报刊上发表过，有些还被文化界和学术界关注过。这些文章的特点，是应"非遗"保护工作的需要而撰，在一定程度上摆脱了"坐而论道"的风格，具有较强的针对性和现实性。2009年5月，学苑出版社出版了拙著《非物质文化遗产：理论与实践》，收录了文稿39篇。书出版后，对各地正在如火如荼地开展的非物质文化遗产保护、普查、建档、数据库建设、传承人认定、干部培训，以及似乎还未被提上议事日程的非物质文化遗产的学科建设，多少有些参考作用。2016年5月非遗国家中心出面组织的、文化艺术出版社出版的十种有代表性的非遗理论著作，其中有拙著《非物质文化遗产保护的中国道路》，收录了文稿24篇，其中影响较大的有《非遗十题——我国"非遗"保护若干理论问题的探讨》《对新文化理念的认同》《论"非遗"传承人的保护方式》等。

我在有关非遗文章中提出自己的观点：一、文化不等于政治。非物质文化遗产的主流是符合社会发展需要的，不能用"精华与糟粕"二元对立的模式来判断非物质文化遗产。现在老百姓还在传承的、活态的，应该是现代社会主义初级阶段的文化的组成部分。二、非物质文化遗产是民族精神的载体，大而言之有两个组成部分：一是意识形态性的，一是漂浮在意识形态之上的带有普世性的。

（三）身体力行，2009年先后参加了文化部非遗司组织的督查组，到陕西、山西、江苏等省进行非遗保护工作的督查，回京后向文化部非遗司提交了督查报告，既肯定了各相关省非遗保护的成绩，也提出了一些我们看到的问题。如参加陕西非遗督查后所写的督查报告，在充分肯定成绩之后，对其保护工作存在的主要问题和困难提出了几点意见。

总体看来，陕西省非物质文化遗产保护工作已经有了良好的开端，但工作中还存在着不少问题。

一是认识有待提高。目前，在基层一些地方对非物质文化遗产保护的必要性和紧迫性还认识不足。没有列入党委、政府的重要议事日程和当地经济社会发展规划，各市、县工作之间发展不平衡，有的推进比较缓慢。重申报、轻保护的情况相当普遍。

二是保障措施落实困难。县一级保护工作机构不健全，人员较少。省、市、县经费投入不足，特别是市、县保护经费严重缺乏，很难适应非物质文化遗产保护工作的需要。有的地方工作刚刚开始，还未形成有效的工作机制，工作机制和管理方式滞后。

三是队伍建设亟待加强。许多地方没有专门从事非物质文化遗产保护的队伍。人员数量较少，素质结构不合理，很难保证保护工作质量。特别是从事理论研究的人员较少。这些都严重影响了非物质文化遗产保护工作的健康发展。

四是非物质文化遗产普查工作有待进一步深入开展。很多地方目前的普查工作成果只是简单的线索汇编，未能进行深入挖掘和整理，许多线索未能转变为项目资源，项目资料的记录、整理工作没有有效开展。普查工作只能说是基本完成任务，没有真正做到"家底清、现状明、记录全、质量高"。

同年11月，在苏州市镇湖街道考察时，实地参观和访问了苏绣国家级传承人卢福英，看了她的刺绣艺术馆及展品。她的绣品成为国家和政府的外事礼品和外国的收藏品，基本上不存在销路的问题。督查云锦研究所时，考察了云锦木机妆花手工织造技艺全过程，他们的传承模式是：有计划地把云锦专业列入职业教育范畴，在南京中华职业中专学校、浦口职业中专学校南京轻纺技校定期培训艺徒。

对三个省的督查，印象比较深刻的一点是，多数地区的民间文学普查缺乏忠实地记录，对此我感到遗憾。

北京市民间文学类非物质文化遗产传承人的评审情况

刘　勍：您除了对"非遗"的基础理论、国家政策和保护实践进行研究，参与咨询辅导、建言献策外，还参与了四批国家级和北京市级，包括一些区级的"非遗"项目评审工作，您认为这种基础性的评审性工作的重要性在哪？具体情况您给我们回忆一下。

刘锡诚：无论是项目评审还是传承人评审，都要坚持准确、公正、公平的原则。不妨以 2009 年 3 月 21 日我就参与主持的第三批民间文学类传承人评审情况为例，当时我做了详细记录。

第一，第一批国家级非遗名录"民间文学类"31 项，第二批名录 53 项，第一批名录的扩展项目 5 项，共计 89 项。2007 年 6 月 5 日认定的第一批名录"民间文学类"项目代表性传承人 32 名，占国家级传承人 777 名的 7.9%。这次申报的代表性传承人，包括第二批项目的传承人和第一批项目传承人的补充提名，共 71 人。评审结果，26 人入选，入选比例是申报人数的 36.6%。评审组一方面以申报材料为主，另一方面以专家们的相关知识作参照，按照文化部 2008 年 5 月 14 日发布的《国家级非物质文化遗产项目代表性传承人认定与管理暂行办法》的规定，进行了认真负责、一丝不苟的评审，无论是评审过程还是评审结果，我个人都感到满意。

第二，第一次评审时，经过专家组讨论研究，认为国家级传承人门槛应该高些，故曾提出过故事传承人以能讲述 500 个故事为底线。这样一些报上来能讲述 300 个或 200 个故事的故事家，均未能进入国家级项目代表性传承人的名录，列为"暂缓"，这次这些传承人再次申报了。在这次申报的传承人中，除了重庆走马镇的刘远扬能讲述 500 个故事外，其他都没有达到这个数字的。现在看来是太高了。这次，我们讨论修订了以前提出的以 500 个故事为底线的细则，放宽了尺度。十堰市丹江口市推荐的伍家沟村的罗成贵能讲述 300 个故事；宜昌夷陵区推荐的陈代金能讲130 个故事。这次都通过了。还有，已有传承人的项目从严掌握，但一些人年龄很大，从传承的角度考虑，这次我们又增批了一位。如走马镇的魏显德已年届 85 岁，再也难以履行传承义务，所以同意增设刘远扬为传承人。

第三，汉民族为主体的省区的申报材料中，有的写得较好，如辽宁北票申报的陈永春的材料，湖北省宜昌都镇湾的孙家香的材料，不但提供了传承人能够传承（讲述）作品的数量，重要的是写出了该传承人个人的讲述特点和风格，但这样的材料数量不多。少数民族地区的申报材料，普遍要比汉族地区的申报材料写得认真，对传承人的情况把握得全面准确。省里专家委员会构成是多学科的人员，对于某一项目或某领域里的传承人而言，可能只有一个人比较了解，而多数专家成员是外行，故而专家组的结论显得粗疏、不到位、缺乏科学精神，有的甚至把一个写好的结论普遍地"拷贝"到所有的申报材料中。

第四，这次代表性传承人的认定工作，是在全国"非遗"普查已经或即将结束的时机进行申报和评审的，申报单位和省非物质文化遗产保护中心理应对申报的传承人有个基本的调查或口述史记录，但从申报的材料（表格）看，多数极其简略，文件所述，大体是重复项目基本材料，或由申报人自己填写，而没有对传承人的个性特点作出陈述，更有的是把其他人的材料和描述"拷贝"过来，文字，甚至具体作品都一字不差。这样就大大减少了传承人的可信度和入选率。

第五，有些省区的申报材料的基本观点与"民间文学"的基本特点相悖，把自己的创作与"口传心授、世代相传"的民间文学混为一谈，显示了这些地方的"非遗"保护中心，对"非遗"基本理念认识上的误区。如江苏省清江申报的宝卷传承人王国良，他创作了 16 部宝卷，收集了 21 部宝卷，已经出版的《中国·清江宝卷》两巨册中收录了他所创作的 15 部宝卷。这种现象，在其他地方也有。专家组对此感到忧虑。

对北京市民间文学类非物质文化遗产的建议

刘　勃：您参加了许多北京市市级的非遗评审工作，对北京市的情况比较了解，您给我们讲讲。

刘锡诚：身为北京市的居民和学人，北京市的非遗普查和申报，我也应邀参加过一些活动，了解一些相关情况，提过一些意见和建议。2010 年，我写过一篇有关北京市非遗情况和建议的材料，曾被收录到北京市文化局、北京市社会科学界联合会编的《2009 北京非物质文化遗产研究报告》中，我也撰写了"研究报告"，提出了以下建议：

北京市的民间文学最早受到关注，是 19 世纪末 20 世纪初的事。第一个搜集北京歌谣的是美国人何德兰，出版有英文的《孺子歌图》。"五四"新文化运动前夕，1918 年一批文化革命先锋成立了我国历史上第一个搜集民间文学的组织——北京大学歌谣征集处，继而于 1922 年 12 月 9 日成立了北京大学歌谣研究会，倡导搜集底层老百姓中流传的歌谣、谚语、故事等民间文学。北京市市民和农民中流传的口头文学作品，从此开始进入了文化人的视野，陆续见诸报端和出版物，对于推动全国的民间文学的搜集、出版、传播和研究，产生了深远的影响。

90 多年后，2005 年 7 月起，北京市启动了历史上第一次"非物质文化遗产普查"。在历时两年的普查中，全市 18 个区县掌握到的民间文学项目计有 8853 个。继而，2007 年 5 月 7 日，北京市政府公布第二批"北京市级非物质文化遗产名录"，有 12 个"民间文学"类的项目——北京童谣（宣武区）、颐和园传说（海淀区）、圆明园传说（海淀区）、香山传说（海淀区）、八达岭长城传说（延庆县）、卢沟桥传说（丰台区）、永定河传说（石景山区）、八大处传说（石景山区）、张镇灶王爷传说（顺义区）、仁义胡同传说（平谷县）、轩辕黄帝传说（平谷县）、杨家将（穆桂英）传说（房山区）——入选这个名录，其中八达岭长城传说、永定河传说、杨家将传说、北京童谣 4 项，进入了"第二批国家级非物质文化遗产名录"。尽管"12 项"这个数字，在浩如烟海的民间文学蕴藏中不过是沧海之一粟，但在古都北京的文化史上，把民间文学纳入政府保护的体制之中，却是破天荒第一次。

2006 年 12 月 22 日公布的第一批市级非物质文化遗产名录中"民间文学"类项目空缺，如果把 2007 年公布的第二批名录中入选的 12 项和 2009 年公布的第三批名录中入选的 5 项加在一起，北京市非物质文化遗产名录中的"民间文学"类项目的总数，达到了 17 项，占北京市三批市级名录总数 212 项的 12.47%。

2009 年 10 月 22 日市政府公布的第三批"北京市级非物质文化遗产名录"中，又把磨石口传说（石景山区）、曹雪芹传说（海淀区）、凤凰岭传说（海淀区）、天坛传说（崇文区）、前门传说（崇文区）5 项，列入市级非物质文化遗产名录，并继续申报国家级非物质文化遗产名录。这些项目从此纳入了政府的保护范围。

结合北京市民间文学申报与保护的特点，我印象比较深刻的是：

第一，在质量上、科学性要求上有了明显的提升。如果说 2007 年进入市级"非遗"名录的那些项目，是在普查还没有完成、申报工作是在相对比较匆忙的情况下进行的，申报文本及其附件还有某些不尽人意的话，那么，2009 年申报文本及所使用的材料，则显示出了一个明显的特点，即：申报工作是在普查完成的基础上进行的，文本写作、项目论证，以及所根据的民间文学作品记录文本的科学性都有了较大的提升。

在全国范围内进行的这次新世纪非物质文化遗产普查，是一次文化资源调查，也是我国开展非物质文化遗产保护的基础和根据。北京市的非物质文化遗产普查工作，由于 2008 年举办奥运会的原因，启动于 2005 年 7 月，2007 年底结束，时间安排得较为紧凑。

如果说，2007 年 5 月 7 日公布第二批北京市级非物质文化遗产名录时，北京市的非物质文化遗产普查工作还没有结束的话，那么，到 2009 年 7 月中旬，各区县申报和市文化局组织评审第三批市级非物质文化遗产名录时，全市各区县的"非遗"普查已基本结束，故而，第三批名录的申报和评审工作，是在普查基础上进行的。换言之，第三批市级名录中入选的 5 个民间文学项目，都是从各区县普查和区县名录入载的项目中遴选出来的，而在申报市级名录的过程中，又在普查中搜集到的材料基础上再次进行了实地补充调查采录，务求按照"真实性、科学性"的要求到民间去搜集记录的传说故事文本，即真正是从民众中的那些故事讲述者口头讲述中记录下来的传说故事（文本），而不是那些旅游景点上为讲解员编写的通用的解说词，也不是地方文化工作者或文学爱好者根据流传的传说故事的梗概编写或整理出来的文学作品，而后者，也许在形式上与民间作品有某些相似之处，但在对人物和事件的认识评价上、在世界观与生命观的表达上、语言的运用上、与民俗生活以及各种仪程的融会上等方面，与真正从民众讲述者口头记录的作品文本是不可等同视之的，因而常被称为"伪作"。

以凤凰岭传说为例。在申报北京市级"非遗"名录之前，由北京市文学艺术界联合会与北京凤凰岭自然风景公园共同组织了一本《凤凰岭的传说》，这本标明"民间文学作品集"的书里收录了 83 篇海淀区的作家们深入凤凰岭地区"采风"创作的以凤凰岭风物、人物、史事、民俗为题材的故事性作品。申报主体凤凰岭风景区以这本凤凰岭的传说故事集为基础，申报海淀区级非物质文化遗产名录。海淀区非物质文化遗产办公室为该项目是否进入海淀区名录，先后召开了两次专家论证会，非常认真地听取了专家的意见。专家组一致认为，凤凰岭传说作为民间文学项目，也应进入海淀区的名录，如果成功，还可以继续申报北京市的非物质文化遗产名录，同时指出：申报单位为评审所提供的传说文本，是作家们根据在民间的闻见和以民间传说主题而创作的文学作品，而不是直接从民众讲述者口头讲述中记录下来的。希望他们派员到凤凰岭一带农村里再作补充性的田野调查采录，提供出真正意义上的民间文学作品来，以证明凤凰岭的传说在今天仍然还在那一带的民众中广泛口头流传。论证会后，凤凰岭风景区的总经理根据专家意见，派员到村子里再次做了田野调查采录，终于提供出了一批可供评审定性的田野文本材料和传承人材料，使该项目在参评第二批"北京市级非物质文化遗产名录"时，获得顺利通过。

再以天坛传说为例。天坛传说是在北京市平民百姓中世代相传的关于天坛建筑、祭祀仪式以及所体现的宇宙观念、相关信仰和民俗生活的口头故事。天坛传说是一种依附于天坛的建筑和天坛的历史文化意蕴的精神文化，作为北京民众特别是普通市民心灵史的一个载体，在北京市民中颇有影响。在"非遗"普查中所得材料，基本上是天坛的建筑专家和员工们的口述史，这里多数是专家的解说或类似导游员的解说词，而不是来自北京普通老百姓，尤其不是"老北京"们出自心灵的口述作品，既缺乏老北京人群体中流传的故事，又缺乏传说演述的地方性、民俗性和个性的语言。后经过专家的指导和评审论证，把居住在崇文区各街道的社区干部和文化干部集中起来进行了一次培训，请他们回到所在社区和街道，以社区居民重组之前的崇文区老住户为主要采访对象，进行了一次以"真实性、科学性"为原则的、有目的的（以搜集记录"天坛传说"为目的）民间文学普查补课。这些经过专业培训、专家指导、掌握了民间文学项目特点和调查要求的基层干部，分地区、分街道进行了两周的专题性的民间传说调查采录，收到了预期的效果，搜集采录来的天坛传说口述文本，使老北京市民的天坛传说回归了真面貌，保护的导向也因此变得更明确了。

第二，市级"非遗"名录项目评审时，市"非遗"保护办公室提供给专家评审组参评的民间文学项目是8个，除了前述通过评审的5项外，还有崇文门的传说（崇文区申报）、傅三傌的传说（门头沟区申报）、潭柘寺的传说（门头沟区申报）3项。这些传说虽然也都是区县级名录中的入选项目，也都有较好的基础，只是因为申报文件中所使用的文本材料不合乎科学性要求而未能通过评审：一、多数传说文本不是在这次普查中搜集记录的，而是20世纪80年代前记录的，或以"整理"为名而实际上是由地方文人根据口传题材创作而不合乎民间文学记录原则规范的要求；二、所提供的有些文本，因时代已经过去了30年，不足以说明这些传说故事在21世纪的今天现代化、城镇化、信息化飞速发展的社会条件下，还继续在群众中广泛流传。这些落选的项目，虽然在第三批市级名录评审中落选，并不是说它们没有价值，如洋溢着民间智慧和幽默的傅三傌的传说，建议申报单位进一步认真做好普查的补遗工作，按照"真实性、科学性"的原则（完整地说，还要加一个"代表性"），把当下社会条件下还在流传的传说故事搜集记录下来，以备继续申报和加强保护。

第三，普查成果显示了"非遗"分布的不平衡性。建立各级名录，既是保护的要求，也是保护的根据。也就是说，没有进入各级名录的，就不可能得到政府的保护。故而，申报非物质文化遗产进入各级名录，是很重要的一项基础性工作。2009 年度由北京市政府公布的"第三批北京市级非物质文化遗产名录"的"民间文学"类，显示出了申报地区和申报项目的不平衡性。申报并通过评审的区县有：崇文区（2 项）、海淀区（2 项）、石景山区（1 项）；门头沟区（2 项）和崇文区（1 项）没有通过评审。而其他 14 个区县，东城区、西城区、宣武区、朝阳区、通州区、顺义区、昌平区、房山区、丰台区、大兴区、延庆县、平谷区、怀柔区、密云县，都没有"民间文学"类项目的申报。有的区县，自2006 年建立"北京市级非物质文化遗产名录"以来，连一个"民间文学"项目都没有进入市级名录。有的城区，固然由于市民（市井）社会作为社会主导形态延续的时间较长，社会结构呈现着五方杂处的特点，市场和审美的驱动起着主导作用的手工艺和工艺美术相对发达，而以口口相传的形式传播的民间文学则缺乏优势。但这种不平衡性，并不限于这些城区（所谓"城八区"），也表现于一些基本上属于农业生产方式为主或处于城乡接合部的区县。

第四，普查的不平衡性。据官方公布的数据资料：2005 年 7月至 2007 年底进行的全市非物质文化遗产调查的结果，全市 18个区县一共调查到了非物质文化遗产项目 12623 个（这个数字，可能是指的"信息",而非记录下来的作品,一时难于确认),经过挑选,其中的 3223 项编入了《北京市非物质文化遗产普查项目汇编》,而"民间文学"项目只有 410 个。据 2009 年底北京市文化局向文化部督查组提供的《北京市非物质文化遗产普查报告》,各区县在普查中发现的民间文学项目是 8853 个:东城区 5 个、西城区 11 个、崇文区 5 个、宣武区 6 个、朝阳区 7 个、海淀区 18 个、石景山区 187 个、门头沟区 6630 个、通州区 14 个、顺义区 5 个、平谷区 400 个、延庆县 33 个、怀柔区 252 个、房山区 86 个、密云县 9 个、昌平区 96 个、大兴区 1089 个。

这个数字说明:第一,入选《汇编》的民间文学项目的数量,占民间文学总量的比例不大;第二,入选《汇编》的民间文学数量,占全部"非遗"类别的数量的比例更少。北京市出现的这一情况,也许是个特例。我见到的许多省市的调查统计材料中,"民间文学"类项目所占比例,无一例外都在第一位。这是一个值得民间文学专家们进一步研究的问题。

这个统计数字所显示的,是各区县之间在民间文学调查上的巨大落差。数量比较多的区县,如大兴区、门头沟区、平谷区、怀柔区。最多的有 6630 个,最少的也有 252 个。这些区县都是过去的北京郊区,现在的所谓"城乡接合部"。固然,郊区或城乡接合部较多地保存了千百年来形成的以村落聚居的形式为基本生存环境,家族社会和伦理制度也相对较为稳固,这些社会条件有利于传统的民间文学的流传和延续。而"城八区",由于城市化、现代化、国际化的飞速发展,特别是城市改造导致的城市移民现象的加剧，使民间文学的生存环境和传播条件受到了巨大的冲击，从而使民间文学在不很长的时间段里便呈现出严重衰微或失传的局面。进入第二批市级名录的"北京童谣""颐和园传说""圆明园传说""香山传说""卢沟桥传说"等，进入第三批市级名录的"天坛传说""前门传说"，几乎都是来自"城八区"或近郊区县，只有"八达岭长城的传说"是远郊区延庆县的。如果说城近郊区民间文学项目申报已经取得的经验，说明了"传说"这种"民间文学"类中的体裁（亚类），在都市环境里出现的衰微甚至消失的速度，还不至于很快的话，那么，其他几个属于城乡接合部的区县，普查所得的民间文学类项目，为什么如此之少呢？这个事实，使我百思不得其解。

我们要清醒地意识到，在新世纪初所进行的这次"非遗"普查所得出的结果，是主持文化工作和主持这次普查的我们这一代人，向历史提供的一个时代性的宣告：某些民间文学体裁，如传承了几千年的某些幻想性的民间故事，某些时政性强的歌谣，如20世纪50—60年代还大量存在的京西矿工歌谣和故事等，在我们主政的21世纪之初，从北京市的辖区里消失了。

第五，民间文学类项目与其他类别的不同。2009年度进入市级名录的"民间文学"类项目，除利用了一些前辈搜集整理的尤其是20世纪80年代"十大民间文艺集成志书"时代记录的文本资料外，大部分材料是21世纪之初这次非物质文化遗产普查中或再次进行的普查补课中采访记录的，较好地做到了文本的"真实性、科学性"原则要求，具有讲述者的个性化语言特色。

同样是非物质文化遗产，民间文学类与其他类别的项目（如属于表演艺术的传统戏剧、曲艺等）是有所不同的。民间文学（尤其是散文叙事体的传说、故事）大体是以一个母题或一个类型的作品为特点的。也就是说，民间文学的普查或申报，必须是以具体的从民众中的讲述者（传承人）的口头讲述中记录来的文本（文字的，影像的，录音的）为依据。没有记录下和提供出口述作品的记录文本，就无由判断这个作品或这个类型的作品（传说或故事）流传的范围有多大，是否现在还在流传，或干脆就能认定已经从民众生活中消失了。

　　2009年进入北京市级名录的5个项目，大体上体现了这一特点。正是这一特点，使民间文学与其他类别的"非遗"（如传统戏剧、曲艺等）区别开来，后者是以剧种、曲种为项目特点的。这一特点，决定了民间文学的普查和申报的特殊要求：都必须提供同一母题或同一类型的作品的当下记录稿或音像资料，只有这类完整的材料，才能证明这些民间文学的作品，在现代化的环境下还在民众中以"活态"的形式流传，才能看出这些民间文学的作品所具有的文艺价值、学术价值和社会价值。

　　所以，当时我的意见是：北京市民间文学传承的保护亟待加强。①

---

①数据由刘锡诚先生提供及审定。

第六章 / 民间文学类非物质文化遗产的研究

民间文学类非物质文化遗产的保护

刘　勍：您在国家非遗保护工作开展以来，积极参与非遗保护工作的理论探讨与项目评审，特别是担任非遗评审工作民间文学小组的召集人期间，积极推动非遗申报文本的规范化，为民间文学类非遗项目进入国家名录做了大量工作。您认为保护民间文学对非遗整体保护有哪些推动，民间文学类非遗保护的意义是什么？

刘锡诚：2003 年文化部开展非物质文化遗产保护工作之始，我就被国家中心负责人、中国艺术研究院副院长刘茜同志招去参加组织、撰写和统稿《中国民族民间文化保护手册》，继而作为申报评审名录的专家组成员、民间文学组的召集人。前四批国家级非物质文化遗产保护名录的民间文学部分，都是在我主持的评审会议上通过的。

联合国教科文组织于 2003 年通过的《保护非物质文化遗产公约》中，政府专家们一致把民间文学，即口头文学、口头传统，置于五大类非物质文化遗产之首。在我国多民族的非物质文化遗产构成中，民间文学在老百姓中的贮藏量之丰富，也当之无愧地处于首位。在2006年启动的非物质文化遗产名录建设中，"民间文学"类也占据了首位。也就是说民间文学，历来被看作是一个民族和社会所创造和蕴藏的民间文化、非物质文化遗产的主干或主流，对于一个民族或社会的文化特性和文化精神的形成，对于一个民族的历史的确认或复原，都具有重大的、无可替代的作用。

2011年是非遗依法保护的头一年，一系列规定逐渐得到落实，一些不符合遗产法的倾向性问题，如重申报、轻保护的倾向，过度商业性开发的问题等，开始得到主管部门的关注和纠正。《非遗法》规定的"保存"和"保护"并重的双轨保护理念和原则，得到越来越多的保护责任单位的重视和实施。"保护"主要的内涵，是对活态的非遗项目进行整体性和生态性保护。"保存"主要的内涵，是对非遗项目，特别是那些逐渐走向衰落，甚至消失的非遗项目进行记录保存。一个时期以来，对以物质为依托、易于进行生产性保护的非遗项目，以及比较易于进入文化产业链的表演艺术类非遗项目，普遍受到重视，其保护力度相对较大，收效也令人瞩目；而对那些与底层老百姓日常生活相关而又以口口相传的项目，其保护力度则显得相对薄弱乏力。后者以民间文学类为代表。通过非遗保护的开展，有些责任保护单位在普查的基础上进行了更深入的调查，在调查的同时进行了科学的记录，如：贵州省紫云县第三批国家级项目名录中的西部苗族英雄史诗《亚鲁王》，这是第一部有12000行的汉文本。这部由歌师用西部苗语吟唱的英雄史诗，是我国南方民族中迄今发现的硕果仅存的篇幅浩瀚的英雄史诗，在中华文化史上具有无可替代的重要意义。第二批国家级名录中的《满族民间故事》，责任保护单位辽宁省民间文艺家协会，在 2006 年的全国普查的基础上，再次组织人员对六个满族县进行了深度的、科学的田野调查，记录了 800 则、总数达 200 万字的口头演述的民间故事。经过编选的 120 万字的《满族民间故事·辽东卷》已问世，作为记录，不仅可以永存于世，而且还将为更广大的读者所阅读和传播。这些成果全面体现了《非遗法》"保存"的规定。

民间文艺学的非遗保护也推动了数字化工程的保护方式，"中国非物质文化遗产数字化保护工程"的启动并顺利完成，标志着我国非物质文化保护工作在"整体性""生态型"保护的模式之外，又增加了数字化保护的新模式。非物质文化遗产资源数据库的建设，将成为《非遗法》规定的"保存"模式的最好的体现和载体，预示着我国将在"数字化"保存的基础上，最终做到人类资源共享。

对民间文学进行保护有重要意义和迫切性。民间文学是国家非物质文化遗产中最基本的、也是最主要的门类和领域之一，是民众口传心授、世代相传、集体创作、集体享用的语言口头艺术。中国是一个多元一体的多民族国家，多元构成的中国民间文学也是国家民族凝聚的巨大精神力量。每一个中国公民从摇篮时代起就受到民间文学的熏陶和滋养，从而认识社会、了解人生、拓宽知识、建立起初步的宇宙观和人生观。鲁迅说，民间文学"刚健，清新"。两千多年的民间文学历史滋养了比如《诗经》为代表的重要成果，民间文学也是民族文化的重要组成部分，是作家文学的母亲。但是在现代化、信息化、城镇化急速发展的社会条件下，社会经济形态、价值观念的变迁和人口老龄化的趋势，使原本发生和生存于农耕文明条件下的民间文学的传承变得十分脆弱，甚至逐渐式微或局部中断。我们不能坐失我们的精神家园。保护民间文学业已成为全民族、政府一项迫切的时代使命。

在非遗保护中，专家们提出"整体性保护""原生态保护"等保护方略，无疑是一种理想，因为民间口头文学如同滔滔流水，永远处在变易流徙之中，特别是那些遭遇传承困局、生命脆弱的口头文学，用"原生态保护"或"整体性保护"等措施和模式也许难以达到预期的保护效果。于是，不失时机地以笔录、音像、数字化等手段将其记录下来，予以保存和出版，比如纸质图书、电子书、音像制品、数字化数据库，存档于档案馆或博物馆，供更广泛的读者阅读、鉴赏、参考、传播和研究，从而使其传之久远，为子孙后代提供阅读，就成为必须而可行的保护方式。这也体现了民间文学类非遗"保存"的真意。

民间文学的采集和非物质文化遗产的数字化保护

　　刘　勍：这些年国家非物质文化遗产保护工作取得了重大成就，目前已有千余项的国家级和数以万计的省市县级保护名录项目。非遗保护名录是在新中国成立以后几十年田野调查基础上建立起来的，与前面提到的民间文学采风活动有重大关系。

　　非遗理论的创建，也与民间文学理论息息相关，没有民间文学五六十年的理论基础，不可能有现在的非物质文化遗产保护的理论。这块也是您做出重大学术贡献的领域，民间文学也是您学术研究的关注点。请结合您的经历，谈谈对非遗保护尤其是民间文学类非遗数字化采集保护的意见和看法。

　　您先给我们讲讲民间文学的调查采集。

　　刘锡诚：新中国成立近 70 年来，在民族民间文化领域里，我国文化、民族、社科、文博、高校等部门主持进行过多次全国性、地方性、专题性调查采录工作，搜集和积累了大量可贵的资料。

在我的记忆里，全国范围的、有组织有领导的大规模调查有两次：

第一次，是 1955—1962 年间的全国民族调查，在这次民族调查中，对各少数民族的民间文化做了有史以来第一次全面详尽的学科调查和记录，除了文字材料后来编纂为《国家民委民族问题五种丛书》和《中国少数民族社会历史调查资料丛刊》外，还拍摄了大量照片，摄制了新闻资料片。那次调查的珍贵之处，在于记录下了各民族在进入新民主主义社会初期的包括民间文化在内的社会人文状况。

第二次，是自 1979 年起至 2000 年间由文化部、国家民委和中国文联有关文艺家协会联合主办的"中国十部民族民间文艺集成志书"的编纂及其普查和研究工作。这次普查及编纂的十部文艺集成志书，被称为"中华民族文化万里长城"。它涵盖了戏曲、民间音乐、民间舞蹈、民间美术、曲艺、民间文学等 5 个艺术门类的 10 个领域，这次普查所搜集采录的民间作品是 20 世纪最后 20 年间还"活"在民间社会中的民间文艺，各类资料的丰富与搜集记录的科学，为 20 世纪百年所仅见。这次普查所搜集的资料，陆续以省卷本为单位，编纂为《中国民间歌曲集成》《中国戏曲音乐集成》《中国民族民间器乐曲集成》《中国曲艺音乐集成》《中国民族民间舞蹈集成》《中国戏曲志》《中国民间故事集成》《中国歌谣集成》《中国谚语集成》《中国曲艺志》等 10 套大型丛书。参加这次长达约 25 年的民间文艺普查和编纂的学者、基层文化干部总计约有 10 万人。

这些民族民间文艺或民族民间文化普查或调查，不仅为我们保留了民族民间文化在 20 世纪 50—60 年代到 80 年代的生存状态，更重要的是，为21世纪之初将要全面开展的中国民族民间文化保护工程的全面普查打下了坚实的基础。

20世纪的最后20年，围绕着"十部民族民间文艺集成志书"而进行的那次普查，虽然过去不到二十年的时间，但在这个时段中，社会所发生的变革是异常剧烈的，特别是商品经济渗透到了社会的每个角落每个阶层，对民族民间文化的影响也是非常显著的，甚至是百年不遇的。故而本次民族民间文化的普查，除了那些过去没有调查过的几大领域——民俗生活、手工技艺、民间美术等，要做重点的、全面的、科学的调查外，还要对过去曾经调查过的民间文艺形式做重复和全面的调查与采录，以便积累自上次调查以来新发掘的资料和嬗变中的材料，从而对社会发展、对文化变迁的影响进行比较研究。

我们实施民族民间文化普查的目的：一是通过普查摸清一个地区流传的民族民间文化的主要类别和形态、蕴藏情况、流布地区、传承范围、传承脉络、衍变情况以及采集的历史。二是通过普查发现承载民族民间文化数量较多而又独具天才的讲述者、传承者、表演者。三是通过普查记录或录制与民众生活有密切关系甚至影响着民众生活和群体社会的各类传统民间作品和民间技艺，以及岁时节日、庆典仪式、风俗习惯、民间信仰等民俗事象。

以口头文学为例，它是民众的语言艺术，尽管"类型化"是民间作品的一个普遍性特点，但出自不同性格、不同气质、不同人生观的故事讲述家讲述的故事，和不同性格、不同气质、不同人生观的歌手唱出来的民歌，在语言叙事的方式、词语所表达的文化意义、细节的铺叙、幽默感等方面，往往表现出迥异的特点。故而在记录他们的讲述和歌唱时，要尽可能忠实于他们讲述或演唱的语言（包括方言土语）、音乐，尽量避免用通行的官话或采访者自己的语言，替代讲述者的讲述语言。保持记录的准确性和真实性，就能得到有个性、有风格的民间作品的文本。这是民族民间文化普查的基本要求，也是考察调查者的基本功的主要指标。

20世纪80年代我国各地发现了许多故事村，其中著名的，南有伍家沟，北有耿村，不仅得到国内文化界的首肯，而且也得到一些外国学者的赞赏。伍家沟隐藏在武当山的皱褶里，算是个十分闭塞的典型；耿村地处华北大地古代交通要道上，算是个相对开放、文化交融的典型。后来，陆续又发现了重庆市的故事村走马镇，湖北省丹江口市的"汉族民歌第一村吕家河"等。再往前说，20世纪50年代后半期，在江苏省常熟县发现过著名的民歌村白茆，其调查报告是出了专著的。如果不拘泥于联合国教科文的文件中对"文化空间"的定义，这个定义其实多半是考虑到了有些缔约国如非洲、大洋洲等国家民族的民间文化，这样的定义未必能够涵盖我国这样历史悠久、民族众多的国家的如此丰富而复杂的文化现象。这些故事村和民歌村，其实理应属于所谓"文化空间"之列，可是按照《公约》现在的这个定义，这些故事村、民歌村，就没有资格进入"文化空间"属下。也许这将成为我们中国人对非物质文化遗产公约所作出的新项目、新贡献。谓予不信，可以请联合国的专家们到现场去做实地考察。总之，我们要根据中国的民间文化实际去探索。

刘　勃：您再给我们讲讲民间文学类非遗的数字化。

刘锡诚："民间文学"类的"非遗"，与其他门类的"非遗"相比，有自己的特点。从建设"非物质文化遗产数据库"的资源采集角度来看民间文学，其特点：第一，民间文学是广大民众世代相传的、集体性（群体性）的口传文学，是语言艺术，它的载体是语言，是口头的。"载体"是我们的用语，在联合国教科文组织的《保护非物质文化遗产公约》里用的是"媒介"；第二，民间文学如同滔滔逝水，随时处于流变之中，永远没有止息。不同时代记录下来的民间文学，带有不同时代的特色，折射着不同的社会情状。我们的任务是采集当代传承者讲述或演唱的民间文学作品的口述文本。只有记录的作品文本，才是非物质文化遗产数字化的基本资源和数据。

这两个特点决定了我们所要进行的数字化采集是用笔录、录音、录像、数字化手段记录活态的民间文学作品。记录讲述（演唱）的口述文本是"民间文学"类"非遗"保护的最适宜的方式，也是世界各国普遍采用、行之有效的方式。

数字化资源采集项目的"全覆盖"，我们可以理解为，在"民间文学"类某个"项目"概念下的、能够采集到的口传作品，包括在项目保护地区内的代表性传承人和非代表性传承人所讲述、传唱的作品，都在数字化采集之列。一个杰出的故事家、史诗艺人、歌手，堪称是民族文化的代表者，民族精神的代言者。各类传承人资料的数字化采集，已迫在眉睫，甚至成为非遗数字化保护的重中之重。

"民间文学"类"非遗"资源的数字化采集，是以口述作品的忠实的、科学的、真实的记录文本为对象的。运用数字化手段把包括"民间文学"类"非遗"资源记录下来，转换成数据，输入数据库，意味着我国非遗保护工作，特别是对代表性传承人保护工作的一次转型。

除了文本的记录以外，还要搜集或扫描流散于和保存在民间的各种民间文学手抄本、印本、照片图片以及其他相关的器物。自2006年以来，我国至今已经公布了四批国家级非遗名录，拥有国家级名录资源1372项，其中"民间文学"类项目总数为155个①。

2010年1月受文化部委托，中国艺术研究院启动了"非物质文化遗产数字化保护工程"。2011年工程"一期"项目完成建设并通过验收，主要内容包括传统戏剧、传统美术、传统技艺（营造技艺）三大门类的数字化保护标准规范草案制定、相应门类数字化采集软件的研发及秦腔、高密扑灰年画和徽派传统民居营造技艺三个项目的专题数据资源的采集。2012年底起，"一期"补充项目——民间文学类"吴歌"专题项目，已经完成了相关标准的制定、项目信息采集和软件研发，并进入了数据采集阶段。2013年3月15日文化部非遗司又出台了《国家级非物质文化遗产代表性传承人抢救性记录工程"十二五"时期实施方案》，启动了国家级非遗项目代表性传承人的数字化记录工程，运用数字化

---

① 第一批31项，第二批53项，第三批41项，第四批30项。

的手段，把传承人掌握的文化遗产记录下来。《方案》规定，意图是对国家级代表性传承人开展抢救性记录，尽可能完整制作留存其所掌握和传承的相关代表性项目信息已经刻不容缓。

我认为，数字化资源的采集方式很好，主要应采用实地考察的方式，而只有实地考察和现场采集的方式，才能获取现在进行时的民间文学数据资料。"现有资料"也是很珍贵的资料，应该同步进行搜集。至于"现有资料的整理"，则是输入数据库和进入研究阶段的事情。

概括地说，非物质文化遗产资源的数字化，主要可分三个方面：普查资料、名录具体项目资料、代表性传承人资料。《非物质文化遗产数字化管理专业采集规范》中对"民间文学门类特性要求"所述部分，对"项目"的资源采集"规范"有了要求。一方面规定了资料采集的全面性，要求"原则上覆盖主要流布区域的主要类型作品""代表性人物的代表性作品"，以及传承人不同时期的讲述作品，讲述中的相关信息、相关器具和图片等；另一方面又非常强调下列几种讲述文本采集的优先权，即普及率较高、影响较大的作品，突出体现项目特点的版本，有较高艺术价值和历史价值的作品，流传时间长、范围广的文本。

只有全面性地进行资源采集和著录，才能建成非遗数字化数据库。既重视全面性，又重视代表性，应该是项目资源采集的方针。

刘　勍：随着科技的进步，在保护模式和手段上有了极大的提高和创新。请结合您的工作经验感受，给我们讲讲怎么对民间文学类非遗进行数字化保护？

刘锡诚：前面说了，2010 年 1 月中国艺术研究院受文化部委托启动了"非物质文化遗产数字化保护工程"。2010 年 12 月在京召开了"非物质文化遗产数字化保护工程（"十二五"期间）建设规划论证会"，讨论并论证了领导小组下属起草组所起草的"国家重大信息化工程建设规划（2011—2015）·非物质文化遗产数字化保护工程项目建议书"。"建议书"规定要建设一个包括普查数据库（包括名录、传承人）、专题数据库（包括保护区、抢救保护专题）、科研数据库、工作数据库、公众数据库等 6 个分数据库组成的"非物质文化遗产资源数据库"。目的是"要运用文字、录音、录像、数字化多媒体等各种方式，对非物质文化遗产进行真实、系统和全面的记录，建立普查档案和数据库"，其中的"普查数据库"，主要内容是 2005—2009 年进行的全国非物质文化遗产普查工作中获取的各种资料，而普查所获"民间文学"类资料为 344322 项，在非物质文化遗产普查十大类中是数量最多的，占十大类总量 876859 项的 25.4%。① 没有全面性的资源采集和著录，将来建成的非遗数字化数据库的库容就显得单调而贫乏，难以具备中国各民族非物质文化遗产总数据库的担当和最终做到资源共享的角色。

————————

① 传统音乐 61231 项，传统舞蹈 21980 项，传统戏剧 14774 项，曲艺 9292 项，传统体育、游艺与竞技 27645 项，传统美术 34023 项，传统技艺 73998 项，传统医药 25983 项，民俗 227209 项，另有民间知识 29890 项。

在非物质文化遗产数字化的资源采集中，对民间文学作品的采集，又必须是当代正在口头流传的，而不是以往的岁月里记录下来的，即有鲜明的"当代性"特点。在这里，传统性和当代性形成了一对悖论。今天所谓的"当代"，指的是21世纪初的近二十年。不能拿20世纪80年代记录的作品文本来代替今天记录的作品。理由很简单，20世纪80年代，中国的社会虽然已经开始步入了改革开放的新时期，但当时的中国社会还处在一种古老的农耕文明的延续期的比较稳定的社会形态下，而当下的社会，则已经处于急剧的转型之中，无论是经济形态（结构）、家族制度，还是更为深刻的社会礼俗和价值观念，都发生了剧烈而又深刻的变化，而这些变化给民间文学带来的影响是严重的。当下时代在民众口头上依然流传的民间文学，在内容上、价值判断上，都发生了或隐或现的变易。所以，我们要强调，今天建设的非物质文化遗产数据库，所收的数据资源，必须是当代还在民众口头上流传的民间文学作品。过去搜集或出版的民间文学记录文本，也要尽量收录其中，但必须标明其讲述（演唱）者和采录者的姓名、身份、年龄、职业，采集记录的时间、地点，以及原始出处。因为民间文学是会随着时间的推移和社会的变迁而发生变易的，这种变易不仅表现在语言文字上、艺术形式上、艺术风格上、审美观点上，更重要的是，表现在作品所反映的社会样相，所体现出来的民众对社会的批评和群体诉求、宇宙观、价值观、道德观等方面。

我国至今已经公布了四批国家级非遗名录，拥有国家级名录资源 1372 项，其中"民间文学"类项目总数为 155 个，占总四批名录资源的 11.3%。地区分布情况是：北京市 7 项，河北省 5 项，山西省 10 项，内蒙古自治区 5 项，辽宁省 6 项，吉林省 2 项，上海市 2 项，江苏省 7 项，浙江省 19 项，安徽省 3 项，福建省 3 项，山东省 19 项，河南省 7 项，湖北省 16 项，湖南省 7 项，广东省 2 项，广西壮族自治区 5 项，重庆市 3 项，四川省 6 项，贵州省 7 项，云南省 16 项，西藏自治区 3 项，陕西省 4 项，甘肃省 4 项，青海省 7 项，新疆维吾尔自治区 10 项，宁夏回族自治区 1 项，江西省 1 项。国家级名录中一项也没有的是：天津市、黑龙江省、海南省、新疆生产建设兵团、澳门特别行政区和香港特别行政区。

非遗名录资料的数字化，几年来已有较大进展。我国的非物质文化遗产的数字化采集，是以"项目"为抓手开始工作，而"民间文学"类的"项目"，是根据国家非物质文化遗产名录里的"民间文学"类的"项目"而定的。我们的任务是采集当代传承者讲述或演唱的民间文学作品的口述文本。只有记录的作品文本，才是非物质文化遗产数字化的基本资源和数据。

《非物质文化遗产数字化管理专业采集规范》对"民间文学"类"项目"所作的规定和要求，即"民间文学作品的采集，原则上要覆盖项目的同一作品的各种异文"。原则上是对的，是要全国各地都要遵守的，但这个规定也有缺陷，即没有考虑到"民间文学"名录项目的复杂性和多样性。"全覆盖"的思想，仅适用于某些作品或某些项目，而不适用于其他类型的项目。譬如史诗，项目资源"全覆盖"也应包括两个部分，即代表性传承人及其说唱的作品和其他非代表性传承人所说唱的作品的记录文本。因为一部作品在民间会有很多艺人传唱，有能说唱整部作品的，也有只能说唱部分章节的，这些都在项目的采集之列。除了这些零散的艺人说唱的史诗文本（多数是片段）外，还有代表性传承人的说唱文本，而代表性传承人的代表性作品（版本），则是要全文记录下来的。数字化资源采集项目的"全覆盖"，我们可以理解为，在"民间文学"类某个"项目"概念下的、能够采集到的口传作品，包括在项目保护地区内的代表性传承人和非代表性传承人所讲述、传唱的作品，都在数字化采集之列。

非物质文化遗产国家名录中的"民间文学"类，包括：（1）神话；（2）传说；（3）故事；（4）歌谣；（5）史诗；（6）长诗；（7）谚语；（8）谜语；（9）其他。共九个亚类。而非遗数据库的资源数字化采集，仅有这九个亚类还不够使用，还要对每个亚类再细分。

代表性传承人及其作品演述是"项目"的重要组成部分，是数字化采集的重要内容。一、对于代表性传承人讲述或演唱的作品，记录文本与录音并重，要忠实地记录下他们的语言，他们的形象化的语言、方言土语、谚语、歇后语。他们的讲述和演唱绘声绘色，诙谐幽默，风格独具，往往是一般作家望尘莫及的。二、除了他们的代表性作品要全文实录（录音或录像）并转写成普通话文本外，还要把他会讲唱的作品的全部目录记录下来。如能出版，附录在书的后面。

民间文学类非物质文化遗产的保护关键

刘　勍：民间文学现在被文化部列入十大非遗类型，而且还列在第一项，您认为民间文学类非遗与其他类型非遗在保护模式上有何区别，应该注意的问题有哪些？

刘锡诚：民间文学是人类与生俱来的一种口头语言艺术，它的生存、传播和延续，靠的是社会底层的广大民众之间的口传心授。只要作为交流工具的语言被人类创造出来，人类就不断地创造出了民间文学；而民间文学之所以不断地被创造出来，是适应人类作为"社会人"之"表达意见"的需要。

由于民间文学的传承和传播方式的口头性，任何民间文学作品，都是在不断地叠加和累积中完成的，即在传承和传递过程中，由群体和个人在不断地琢磨修改加工中有所增益，有所淘汰，不断完善。就其性质而言，民间文学是社会最广大的底层民众以幻想的、艺术的方式，反映客观世界、社会生活和心灵世界的一种文学作品，浸透着他们的价值判断、道德判断、伦理判断、是非判断、审美判断等，故而具有鲜明的意识形态性。就其数量而言，民间文学在人类非物质文化遗产的所有门类中，不仅数量最为浩瀚宏富，而且也最为集中、最为直接地体现着民族精神或称作民族文化精神。其在人类文化遗产中的重要性是不言而喻的，这也就是联合国教科文组织的《保护非物质文化遗产公约》为什么在"非物质文化遗产"的定义中将其列在五个非遗门类之首的原因。

我国各级保护名录是以十大类制建立起来的。以个人观之，这十大类，虽然其共同的特点是以口传心授的传承方式而世代相传，并在一定的地区（社区）和群体中传承和延续，但具体说来，却又各有其不同的表现形态和固有特点。以其表现形态论，至少可大略归并为四种情况：口头讲述方式的口头文学；各种表演艺术形式，包括音乐、舞蹈、戏剧、曲艺、杂技等；以物质为依托或与物质载体联系紧密的工艺美术和手工技艺；与信仰和文化空间密切联系着的节庆、民俗等。

联合国教科文组织的《保护非物质文化遗产公约》中分为五大类，在我所归纳的四类之外，还把"有关自然界和宇宙的知识和实践"单列为一类。我以为，对于这四种表现形态不同的非遗项目，不要笼而统之地管理和保护，而要采取适合于各种表现形态的保护方式进行保护。也就是注意分类保护。

口头文学的保护，就显然与手工技艺的保护不同。我无法开出一个"非遗"保护工作的通用济世良方，但我们不妨借鉴外省外地的一些成熟的经验，提出一些建议供参考和选择。譬如，要为故事讲述人提供讲故事的环境和条件，譬如故事厅、故事室。要有步骤地让讲故事、唱民歌的活动进校园、进幼儿园、进社区，建立建设起一定数量的非物质文化遗产教育基地和高校"非遗"研究基地，定期或不定期地在区一级、乡镇一级或街道一级，举办故事大赛，等等。由村落、街道自建，或由区里资助建立和建设这样的一个故事厅，并非难事。而对于已经进入国家级或市级名录的保护主体单位来说，办成一个这样的故事厅或歌厅，可谓易如反掌。

有些工作做得好的，或有条件的保护单位，如北京的凤凰岭传说、曹雪芹传说的保护单位，他们可以多举办有关风物传说、人物传说的全国性学术研讨会。这样的研讨会，有许多地方的市县，已经这样做了，并收到了很好的效果。

这些举措，一方面能提高老百姓对传说的认识的自觉性和自豪感，并因而扩大自己地区的影响；另一方面能借以深化本地文化人对传说的研究，吸引一些高校或研究所的学人对项目和资源进行更为深入的调查、探讨和研究，从而吸引有学术水准的中外学者参与其中，无论对传说的学理研究，还是对传说的长效保护，都是有益而无害的。

与学术机构合作进行保护，提升保护水平和文化自觉，是一种理想的保护模式。北京大学中文系的师生，在陈连山教授的带领下，在湖北省丹江口市官山镇和吕家河村建立了北大教学研究实习基地，每年都带领学生和研究生去做调查，写论文，搜集作品。一个小小的吕家河村，不仅受到了学界的广泛关注，而且也名扬四海。同样，北京大学中文系陈泳超教授在江苏省常熟市白茆建立了歌谣和故事研究基地，每年暑假都要到那里去作调查和研究，不仅写了论文，还搜集记录和编辑出版了一部60万字的《陆瑞英故事歌谣集》，并在北京大学举办了出版座谈会。这些都是很好的经验。

民间文学类非物质文化遗产的保护困境

刘　勍：目前，我国大多数非物质文化遗产都面临着严峻的生存困境，保护措施力度相对较为薄弱，尤其是民间文学类，具有传承单一的特性导致其保护效果欠佳。您认为现在民族民间文学类非遗面临的困境和问题是什么，以及有哪些主要原因，需要如何改善？

刘锡诚：这个问题要从民间文学本身的性质和特征来分析。民间文学（口头文学）总是要随着时代进展发生嬗变的，但这种嬗变是遵循着文化自身的变迁规律进行，而非人为的。我以为，民间文学（口头文学）的嬗变取决于三个因素：第一，生产生活方式的变迁，即自给自足的农耕生产生活方式的削弱，和逐渐为工业化、后工业化生产方式和现代化生活方式所取代；第二，血缘家族关系及其派生的礼俗制度和道德观、伦理观的衰微；第三，城镇化运动的急速推行，使农村聚落的迅速消失。国家统计局公布，到 2012 年底城镇人口已占到全国人口的 52.57%，大量失去土地的农民住进了高楼，失去了口头文学传播的环境。失去了土地、失去了聚落环境，就是意味着失去了他们所熟知的传承文化。

多年来，关于非物质文化遗产的保护，政府和学界提出了种种保护方式，如整体性保护、生态性保护、生产性保护，方法有展演展示啦，师傅带徒弟啦，建立传承基地啦，建立山歌馆、故事馆啦，非遗进校园啦，等等，这些无疑都是行之有效的，但也都是有一定限度的。至于民间文学的保护，虽然也提出了一些见解，但似乎并没有提出什么放之四海而皆准的、被政府认定的既定方式，还需要文化界和学术界同仁们继续根据民间文学的特点进行探索。

刘　勍：您讲讲民间文学类非遗的保护方法和其效果。

刘锡诚：2011 年《中华人民共和国非物质文化遗产法》开始实施。《非遗法》中"保存"和"保护"并重的双轨保护理念和原则，得到越来越多的保护责任单位的重视和实施。"保护"的主要内涵，应是对活态的非遗项目进行整体性和生态性的保护。"保存"的主要内涵，应是对非遗项目，特别是那些逐渐走向衰落，甚至濒临消失的非遗项目进行记录保存。一个时期以来，对以物质为依托、易于进行生产性保护的非遗项目，以及比较易于进入文化产业链的表演艺术类非遗项目，普遍受到重视，其保护力度相对较大，收效也令人瞩目；而对那些与底层老百姓日常生活休戚相关而又靠口口相传而得以延续的项目，其保护力度则显得相对薄弱乏力。后者以民间文学（口头文学）类为代表。

在全国非遗普查结束之后，有些责任保护单位在普查的基础上进行了更深入的调查，在调查的同时进行了科学的记录。

最早编辑、出版了新世纪调查记录文本的，是第一批国家级非物质文化遗产名录的河北省藁城市耿村民间故事集——《耿村一千零一夜》。这部收录了一千多篇民间故事的大型的民间故事集，是自 1987 年 5 月第一次普查的 18 年后 21 世纪初进行的又一次调查记录文本。接下来，第一批国家名录中的牛郎织女传说的责任保护单位山东沂源县，在山东大学民俗学研究所师生的合作和支持下，于 2006—2008 年先后进行了两次实地调查采录，其调查成果编辑出版了《中国牛郎织女传说·沂源卷》，还编辑了《中国牛郎织女传说·研究卷》《民间文学卷》等，召开了"全国首届牛郎织女传说学术研讨会"。这两次调查，共采录了牛郎织女故事 56 个，并发现了 5 个重要故事传承人。陕西省西安市长安区在陕西师范大学文学院的支持下组织调查采录，傅功振主编的《长安斗门牛郎织女传说》，由陕西师范大学出版社 2009 年出版。第二批国家级名录中的"八达岭长城传说"，责任保护单位北京市延庆县文化局组织进行了调查采录，成书《八达岭长城传说》，由北京出版社于 2010 年出版。顺便说一句，万里长城横跨中国十个省区，是世界遗产，这些省区都或多或少的都有关于万里长城的传说流传于民间，但不知为何，除了北京市的延庆县外，其他 9 个省区都没有申请保护这个项目，更没有 21 世纪新搜集的传说作品贡献给广大读者，那些地方的文化官员们有待提高重视！第二批国家名录中的"刘伯温传说"，其责任保护单位之一的浙江省青田县文联组织了调查采录，《刘伯温传说》一书，已由中国文联出版社于2008年出版。第三批国家级名录中的西部苗族英雄史诗《亚鲁王》，责任保护单位贵州省紫云县，从2009年起组织人力进行了浩繁艰苦的调查记录和汉文翻译工作，其汉文本第一部，共两册，有12000行，于2011年12月由中华书局出版，引起全国注意。第三批国家名录中的保护项目"曹雪芹传说"和"天坛传说"，分别也由责任保护单位——北京市海淀区的曹雪芹纪念馆和东城区非遗保护中心相继组织了专项调查记录，其记录文本先后编辑出版了《曹雪芹西山传说》和《天坛传说》。第三批国家名录中的"锡伯族民间故事"，责任保护单位沈阳市于洪区文化馆组织人力对其代表性传承人锡伯族老人何钧佑进行了现场采录，从口头讲述中记录下了60万字的锡伯族民间故事文本，编辑出版了《何钧佑锡伯族长篇故事》一书。遗憾的是，现在何钧佑已经辞世，这部记录文本为锡伯族留下了珍贵的民族作品。我这里所举的仅仅是我所知道的，大量的在新世纪调查采录的民间文学作品选集，还有待于权威部门发布全面可靠的权威统计，但仅仅这些在新世纪调查采录基础上编辑成书的民间文学选集，就已经证实了《非遗法》规定的"记录保存"原则的正确性：记录保存和保护，不失为民间文学类非遗保护可供采用的首选模式。

这些在新的社会条件下从田野中实地采录得来的民间文学作品，尽管数量还不够多，覆盖的面还不够广，但也多少能给我们认识现代条件下民间文学的嬗变提供了一个大致的面貌。《满族民间故事·辽东卷》编辑提供了信息：当他们对 20 世纪 80 年代著名的讲述人进行回访时，讲述人所讲的故事，就显得简化了，有些情节忘记了，语言也没有原来的生动了。

民间文学是语言艺术，叙述语言或歌唱语言是任何一个故事家或歌手的艺术生命和艺术风格的标志。我曾在一篇文章里比较研究过山东临沂女故事家胡怀梅和辽宁岫岩女故事家李马氏各自讲述的《蛤蟆儿》故事。她们几乎都是没有出过远门的但有过丰富人生阅历的老年女性故事家，她们所讲述的故事，各自都呈现出独具的风采。阅读记录文本尚且能体会到她们的巧妙的艺术性构思和生动的方言土语的魅力和无法重复的语言个性，如果真能按照美国学者理查德·鲍曼的"表演理论"，提供出她们讲述时的影像或描述，回到她们讲述时的临场情景中去，那将是多么好的艺术享受啊。

从全国来看，民间文学类非遗项目进入国家级名录前后，践行申报时的保护承诺，组织进行认真而科学的实地调查采录，并出版代表性传承人临场讲述或演唱的文本记录专册或当地还在以"活态"流行地区民间文学记录文本者，委实为数并不多，这些保护主体单位，显然并没有履行申报时的承诺。在这些地方，其载入国家名录中的项目，形同空文，并没有得到很认真的保护。我寄希望于文化主管部门和媒体界的朋友们给予关注，唤醒地方的非遗主管人员加强保护非物质文化遗产的责任感和文化自觉意识；同时也寄希望于高等院校和研究机构的专家学者和学生们，要深入到基层田野中去，为老百姓中流传的民间文学（口头文学）作扎实的文本记录工作，使其以"第二生命"在更大范围内传播，使其传之久远。每个学校的民间文学教研室、各省社科院文学所的民间文学研究室，都应该有着自己的学术理念的专有民间文学作品的选集。所幸的是，我们已经拥有了一批这样的民间文学作品经典选集。例如，辽宁大学江帆教授记录并编选的《谭振山故事精选》，北京大学陈泳超教授和江苏省文学研究所周正良研究员记录并合编的《陆瑞英故事歌谣集》，北京大学陈连山教授和湖北省民间文艺专家李征康先生主编的《武当山南神道民间叙事诗集》，黑龙江省文学研究所黄任远研究员主编的《黑龙江流域少数民族英雄叙事诗·赫哲卷》（记音和对译本，黑龙江人民出版社，2012 年），等等。我们常常为我们的源远流长的中华文化感到自豪，我们也拥有不少民间文学的新老专家，但我们却始终没有编出一本可以与阿拉伯的《一千零一夜》、日耳曼民族的《格林童话》、丹麦的《安徒生童话》等这样一些为全民族一代代人共享的民族民间故事集。上面我所提到的这几本由学者们在 21 世纪最初十年间从田野中采集来的民间作品选集，作为他们所在的学校和研究机构的代表性著作，无疑将会成为中国民间文艺和民间文艺学学科的经典留给读者和后人。建议文化部非物质文化遗产司和中国非物质文化遗产保护中心组织和主持编纂一套中国非遗民间文学类项目的大型丛书，为我们民族留下 21 世纪初民间文学活态讲（演）述文本的记录。

民间文学类非物质文化遗产的市场化保护

刘　勍：现阶段国家经济发展已经进入新常态，第二、第三产业转型状态明显。原有的教育、出版、艺术创作等文化活动，已开始走产业化、商业化路线。那么，您认为非遗，尤其是民间文学类非遗走产业化、商业化发展是否可行？请谈谈您的观点和看法。

刘锡诚：前面我们已经谈到了关于非遗与文化产业、旅游产业结合的一些想法。近年来，关于非遗"市场化"和"产业化"保护的可能性和利弊得失进行了广泛的讨论，这种讨论是极其需要的，有利于在实践中避免走弯路、走斜路；另一方面，一些"非遗"项目的持有者和领导者、经营者，在积极地探索"市场化"甚至"产业化"保护的可能性。

在农村乡民社会"非遗"项目的"产业化"探索方面，各地不断传来一些成功的经验，既传承了传统的"非遗"技艺核心和文化蕴涵，又在文化内部规律允许的情况下有所发展。这类项目，大多是以传统技艺为核心的技艺类或民间美术类，而历史上就天然地与市场互为依存的项目，如年画、剪纸、玩具、泥塑、绣花鞋等。年画和剪纸的产业化发展，各地都传来好消息。其主要原因，一是这类"非遗"项目与民众信仰和心理诉求有着天然的、密不可分的依存关系，二是历史上就因市场而得以生存、传播、传承和发展，在现代条件下，能够顺利进入市场，为其生存和发展提供驱动力。

对于"非遗"保护，在总结以往的经验教训之后，我们不能自觉不自觉地再一次"一窝蜂"地陷入盲目追逐产业化的浪潮，犯重复性的错误。"产业化"只是可供选择的方式之一，但不是全部；对某些类别和项目可能是最佳的选择，对另一些类别和项目，则可能不适用或不是最佳的方式。总之，在决定采用何种模式进行"非遗"保护的时候，要明确我们的最终目的是保护，而不是牺牲传统的技艺和文化蕴涵去获得利润的最大化，因此，一定要逐一分析、逐一选择并进行学科论证，然后做出决策。这也许就是"非遗"保护产业化与其他经济项目不同的地方。

实践是检验真理的最终标准。我以为，"非遗"保护的成败，其标志是：不论采用何种方式，包括生产性方式和产业化方式，都是以"非遗"项目的核心技艺（而不仅是技术）和核心价值（原本的文化蕴涵）得到完整性的保护为前提，而不是以牺牲其技艺的本真性、完整性和固有的文化蕴涵为代价。凡是以牺牲传统技艺及其文化蕴涵为代价的所谓产业化，都是不可取的，都是我们所坚决反对的。

城镇化背景下的民间文学保护

刘　勍：当前我国的城镇化进程发展较快，对于非物质文化遗产的生存土壤与文化空间产生了不小的冲击，您认为在这样的背景下非遗保护尤其是民间文学类非遗最应该做的是什么？面对城镇化，民间文学类非遗的前景如何？

刘锡诚：在新一轮的城镇化进程中，我国广大农村中世世代代传承的包括"非物质文化遗产"在内的民间传统文化、乡土文化，面临着历史上再一次巨大的冲击，在许多地方出现了前所未有的衰微趋势，甚至灭绝的危局。

乡村城镇化的重要标志，是农村、农业、农民所谓"三农"生产方式和生活方式的转换，即相当数量的农民失去了或离开了祖祖辈辈赖以生存的土地，放弃了与农田耕作相适应的农耕生产方式和基本上属于自给自足的生活方式，代之而起的商品经济与工业化、人口迁移与人口聚集、城市社区取代传统乡村等，无可避免地改变了，甚至在一定程度上摧毁了非物质文化遗产依存的社会环境和物质条件。

要保护、传承和弘扬我国农耕文明条件下乡土社会中所葆有的传统文化，主要的是广大农民、手工业者所创造和世代传承的非物质文化遗产以及包括以人伦道德为核心的乡土文化，首先要认清中国农耕社会的情状和特点。先贤蒋观云先生在1902年就曾说过："中国进入耕稼时代最早，出于耕稼时代最迟。"其特点是具有凝聚性、内向性和封闭性，与自给自足的农耕生产生活方式、家族人伦制度相适应。而作为农耕文明的精神产物的非物质文化遗产和乡土文化，就是在聚落或者村落这一环境中产生并发育起来的。须知，没有星罗棋布、遍布中华大地的聚落、村落，就不会有丰富多彩的非物质文化遗产和乡土文化的创造和传承。

乡村传承的非物质文化遗产，包括涉及面最广的民间文学，是最广大的民众以口传心授的方式世代传承下来的，其所以能够世代传承而不衰，就是因为它体现着广大民众的价值观、道德观、是非观、审美观，在不同时代都具有普适性。故而也理所当然地被称为中华民族文化精神和中华民族性格的载体。但中国的农民要逐步摆脱贫困，实现小康，富强起来，走工业化、现代化、农业现代化的道路，城镇化便成了规划中的必由之路。而全面实现城镇化，改变以往城市和乡村"二元结构"的社会模式，那就意味着逐渐消灭以"差序格局"为特征的"乡土社会"及其人伦礼俗制度和乡民文化传统。显然，保护作为乡民文化传统之主体的非物质文化遗产，包括民间文学和以人伦道德为核心的乡土文化，留住记忆，留住乡愁，与全面城镇化之间，就形成了当前中国社会变革的一对主要矛盾。中央关于城镇化的文件中已经提醒各级政府，"城镇化进程使传统的农村转型为城镇或城市，在转型中，要融入现代元素，更要保护和弘扬传统优秀文化，延续城市历史文脉"。

十多年来，保护非物质文化遗产和文化多样性已经成为世界各国有识之士的共识，我国的非物质文化遗产保护工作也取得了巨大成就，尽管还有一些文化界和学术界的人士没有转变他们轻视或蔑视非物质文化遗产的观点和立场，但毕竟让全社会认识了它作为民族文脉和文化宝库的社会历史的、人类知识系统的、文学艺术的、学术的、信仰的价值。我们已经初步建立起了国家级、省市级、地市级、区县级四级代表性"非遗"名录保护体系，传统文化保护区建设和传统村落保护也取得了可观的成绩，但由于东部沿海地区、中部中原地区、西部边远地区社会发展的不平衡，城镇化进程的不平衡，"非遗"类别和性质的差别，保护单位素质的差别和措施落实的不同，面对着城镇化进程带来的保护工作的矛盾和挑战是空前严峻的。

我在长三角地区看到过不少这样的村落：原来以务农为业的农民离开了熟悉的聚族而居的村落，搬进了成排的高楼单元房组成的新社区，他们失去的不仅是土地，我问过他们，他们连自留地都没有了。从根本上失去了世世代代所处身的"差序"格局的乡民社会环境，成了所谓"鸡犬之声相闻，老死不相往来""准"城市居民。北京的天通苑社区里，也有不少这样的因村落和农舍拆迁而搬来的老农民。他们虽然有了新居民的身份，但他们的内心却是被孤独感所缠绕的农民。这些昔日的农民、今日的居民，整日里显得无所事事，只好靠打牌或看电视打发日子。他们世代处身于其中的以家族和人伦道德为核心的乡土文化，曾经养育了他们的非物质文化遗产，耳熟能详的民间故事、民歌民谣，也随之远离了他们。

我们要探索在新的城镇化进程中传统的乡土文化、非物质文化遗产、民间文学保护的新途径。在我的视野中，北京石景山区古城村的秉心圣会，应该说是在大城市郊区城镇化进程中探索新的应对措施相对比较成功的一例。记得当时古城村向国家文化主管部门申报秉心圣会为国家级保护名录项目时，恰逢古城村根据北京市政府的城市规划启动拆迁，到会的评审专家们十分为难，一时委决不下，一方面因为秉心圣会包含了灵官旗、桄筐、钱粮筐、公议石锁、太平歌会、龙旗牌棍、中军、四执、娘娘驾、督旗等"花十档"，这一档文武兼备、形式多样、传承和流传了几百年之久的民间花会，已经成为京西文化的一个代表性符号；另一方面，已经履行过法律程序的市政府城市改造计划决定了古城村居民整体拆迁，改建为由 12 栋高层板楼组成的嘉园小区，这个显然缺乏传统文化保护意识的城市改造计划，不是石景山区文委一个部门所能改变的。无奈中，评审专家们提出，为挽救秉心圣会这一"非遗"项目，在安置村民时，要相对集中在几栋楼里，同时，要求把开发商请到现场来当着专家们的面立下承诺，在楼群中间修建一个土质的大广场，以便秉心圣会的成员们在此举行演练活动。如今，新楼盖好了一部分，目前正准备在楼区的一条二百米长、二十米宽的路段上建一座标志性的牌楼，作为每年走街的地点。同时，正在利用新楼的地下室筹建一个非物质文化遗产展室，包括存放古村的老物件。

无可否认，城镇化进程给"非遗"的生存传承和保护工作提出了挑战，带来了前所未有的冲击。那么，就需要新的思维和新的智慧，从而激活其传承和赓续的生命活力。这是我们这一代人的时代使命。

在城镇化时期使我们的乡土文化和"非遗"保护工作做出调整，我以为，可以有以下措施：

第一，应在遵循整体性、生态性、在生活中保护这三大保护原则下，分别按民族、地区（充分考虑到文化圈与行政区划的矛盾）、门类，探索和采取有个性的、有针对性、行之有效的应对保护措施。

第二，对于"非遗"而言，农村与城市有差别的。一般而言，农村的"非遗"大半是以农民劳动者为主的底层的乡民文化，城市的"非遗"大半是属于中层文化的市井文化，在价值观和审美观上有着显然的差别。建议不失时机地对全国农村葆有的"非遗"项目进行新一轮的普查并做出科学的评估。弄清近十年来已经消失了的和处于危机境遇中的村落，特别是古村落及其所属"非遗"和乡土文化的基本情况，做到心中有数，把更多力量向农村倾斜，做扎扎实实的保护工作，尤其要改变目前普遍存在的、村子里的项目"非遗化"之后便走向"表演化"的保护思路。

第三，加强和提升专家在"非遗"保护中的作用。现在，专家充当的大体是"咨询"的角色，基本不参与保护实践。建议拟定制度，强化其在"非遗"保护中的智囊和指导作用；专家也要提高责任意识和担当意识。

　　总之，必须正视当今时代发生着巨大变化，我国这种千古未见的大移民，既改变着农村和城市人口的结构，同时也正在改变着他们的身份，促使中国的传统文化，发生了前所未有的移动和嬗变。中国的城镇化增长迅速。有许多研究者，关注于此。城镇化是农村走向富裕、走向文明、走向现代化的必由之路，这一点可以肯定。但有人提出来一个"深度城镇化"口号，我对此表示怀疑。中国的村落与西方的社区有根本不同，现在有些文化人类学家拿西方的社区来套中国的村落，是不可取的。村落是以种姓、血缘为基础的，大姓望族往往主宰或主导着一个村落的礼俗取向。而礼俗的嬗变才是社会发生嬗变乃至转型的最重要、最深刻的标志。北京城镇化最突出的村落是古城，原为一个明代就存在的村落。因为开发商征地建高楼，原住户在房屋被拆迁后，被安置到楼群里去了。原住民的生存环境发生了巨大变化，导致古城的传统文化发生了断裂。如今，昔日的古城，古商道上的古城，及其特殊的文化传统，大半已不复存在了。江、浙、沪的好多地方，有的是城市郊区，如今已经基本上城镇化了。城镇化的结果直接影响到了传统文化的生存环境，也就是说，传统的"文脉"被割断了，传统的民俗文化在这些地区或者面临濒危，或者基本上断流了。而在人大和政协会议上一些代表或委员在论述城镇化问题的时候，主要的着眼点是经济发展和社会发展，较少顾及文化的传承与延续，即"文脉"的延续。文化传承对乡民社会的构成和发展的重要性，对乡民社会向城镇社会协调发展的重要性，是一个很大的、不可忽视的问题，否则将来要受到历史惩罚。

民间文学类非物质文化遗产传承人老龄化的保护举措

　　刘　勍：非遗项目是靠千千万万的传承人发扬传承的，但是现在传承人高龄化、老龄化的现象十分严重，尤其是民间文学类、戏曲类、传统舞蹈类等项目的传承人。为了防止人走技失的情况，文化部在 2013 年 3 月 15 日出台了《国家级非物质文化遗产代表性传承人抢救性记录工程"十二五"时期实施方案》，您对这项工程的看法和观点是什么？针对民间文学类非遗，我们在运用这些先进的现代化手段是什么？应该注意哪些方面？

　　刘锡诚：针对你提出传承人老龄化的问题，对于民间文学类非遗的保护方式，我个人的观点如下：第一，提倡记录保存，就是包括文字记录和影像记录的这种保护方式，不仅符合《中华人民共和国非物质文化遗产法》的规定，而且也是世界各国普遍采用的有效的保护方式，只要把讲述演唱的文本记录下来了，头脑里储存了大量民间文学作品而又高龄的故事家、歌手、说唱艺人一旦过世，其记录文本就成为其生命和遗产延续的唯一根据。诚如鲁迅所说的："因为没有记录作品的东西，又很容易消灭，流布的范围也不能很广大，知道的人们也就很少了。"遗憾的是，这一点，至今并没有为所有地方的领导者们所认同和推广。从全国来看，民间文学类非遗项目进入国家级名录前后，践行申报时的保护承诺，组织进行认真而科学的实地调查采录，并出版代表性传承人临场讲述和演唱的文本记录专册或当地还在以"活态"流行地区民间文学记录文本者，委实为数并不多。在这些地方，其载入国家名录中的项目，形同空文，并没有得到很认真的保护。寄希望于文化主管部门给予支持，唤醒地方的非遗主管人员加强保护非物质文化遗产的责任感和文化自觉意识；同时也寄希望于高等院校和研究机构的专家学者和学生们，要深入到基层田野中去，为老百姓中流传的民间文学（口头文学）作扎实的文本记录工作，使其以"第二生命"在更大范围内传播，传之久远。每个学校的民间文学教研室、各省社科院文学所的民间文学研究室，都应该有自己的体现着学术理念的专有民间文学作品的选集。

采用录音录像的手段进行记录保存，把记录下来的非遗项目成数字化，标志着非遗保护模式的重大转变。文化部已经成立了中国非物质文化遗产数字化保护中心，负责国家"十二五"规划中已经做出规定的非遗传承人抢救工程的进行。民间文学（口头文学）类非遗的数字化保护，也已经选定了一个试点——吴歌，并制定了负有保护责任的苏州、无锡、常熟、张家港等八个地区和单位作为采录对象地。中国民间文艺家协会正在开展的中国口头文学数字化工程，目的在建设一个以 20 世纪 80 年代到世纪末的中国民间文学三套集成县卷本为资源的数据库，迄今已经录入了县卷本几千本，据说字数过亿。这样，20 世纪 80 年代，即 20 世纪末还在中国各地老百姓中口头流传的民间文学，包括神话、传说、故事、歌谣、史诗、叙事诗、谚语谜语、民间小戏、民间说唱等九大类民间作品的文字资源将尽数囊括其中，成为世界上数据最多、库容最大的中国民间文学数据库。据悉，此数据库不日即将基本完成，交付使用。但这个数据库里的资源，还不包括 21 世纪第一个十年间在民间流传的活态的民间文学的样相，现代仍然在民间流传的民间文学的活态样相的数据，有待于正在进行的非物质文化遗产保护工程中实地采集来的鲜活数据。

第二，我提倡建议将已立项的成果编辑成册。在这方面我们已经取得一定的成绩。中国非物质文化遗产保护工程是 21 世纪由中央政府文化主管部门启动的一项以非物质文化资源普查、保护、传承、弘扬为旨归的国家战略。自 2003 年初启动中国民族民间文化保护工程以来，各地文化主管部门、各社会团体和研究机构，分别在自己的工作范围内取得了可喜的成绩。非物质文化遗产保护工程规划所规定的项目成果，大致表现为下列四种形式：作品或文本的记录（或抄本、翻译本）；调查报告；相关的文化实物；音像、影像作品。除实物和影音像作品两种形式的成果在规定的时间和地点移交主管部门指定的博物馆、陈列馆、研究机构保存外，文本和报告两种成果，建议编纂为《中国非物质文化遗产·民间文学》公开出版。所有进入国家名录的传说项目的责任保护单位，都应编辑一套尽量完整的、能够体现 21 世纪我国收集与保护传说情况和理论学术水平的丛书，以此展示我们的搜集与保护成果，同时可惠及后人。

非物质文化遗产的学术理论

第七章

非物质文化遗产的学界行动

刘　勍：从整体情况上看，已持续十多年的非遗保护工程对民族传统文化的保护发挥了积极的作用。这项工程最早是由学界发起的，那么对于现在的非遗保护，学界取得了哪些成绩、成果？

刘锡诚：非物质文化遗产保护在我国，最早是一大批学者签名呼吁加以保护的。但保护工程开展起来后，有一段时间我们的非遗理论研究却相对滞后，而理论研究的滞后，将在一定条件下不可避免地对非遗保护工作的开展造成制约。在大形势下，保护非物质文化遗产这样一桩涉及中华文化的延续、复兴、弘扬和繁荣的伟大事业，没有先进的科学的理论和学者的支撑，是很难想象的。

我国启动非遗保护工程已经十多年了，非遗理论的研究工作和学术水平，也有了长足的发展和提升。除了在各级文化主管机构建立了国家的和省市的非遗保护中心外，文化主管部门原有的艺术研究院所，许多高校和社科院等的研究机构大多先后成立了非物质文化遗产研究的专门机构，非遗方向的博士生和硕士生陆续走出校门，充实到非遗保护和研究队伍中来，其中包括许多国家重大课题项目在内的非遗研究项目，获得了全国社科规划办和单列项目艺术规划办以及教育部、国家民委等部委的学术基金的批准和支持，大大推动了非遗研究的进展。我们看见陆续出版的许多有学术质量的非遗研究著作，这代表学术水平也有了可喜的提升，理论研究滞后的局面得到了初步的扭转。

2006 年 10 月，我国第一部概论式的非物质文化遗产著作《非物质文化遗产概论》在非遗理论研究领域，第一次创立了自己的学术框架，对保护工作中提出的一些保护工作问题和理论问题做出了回答，具有一定开拓性的意义。此后十余年来，除了一些有关非遗保护的学术会议论文集，陆续出版了好几套由不同学术领域的学者撰写的非物质文化遗产丛书。学者撰写的非遗论文集和专题著作也陆续得到出版，诸如：顾军和苑利《文化遗产报告——世界文化遗产保护运动的理论与实践》、郑培凯主编《口传心授与文化传承——非物质文化遗产：文献、现状与讨论》、傅瑾《薪火相传：非物质文化遗产保护的理论与实践》、向云驹《解读非物质文化遗产》、刘锡诚《非物质文化遗产：理论与实践》、乌丙安《非物质文化遗产保护理论与方法》等。

即使从这些很不完全的研究成果资料中也可以看出，我国的非遗理论研究已经呈现出了初步繁荣的局面，昭示了值得重视的新趋势：第一，非遗的理论研究虽然起步较迟，而且局限于非遗保护工作的研究，资料的丰富和分类的研究毕竟为学科的建设打下了坚实的基础；第二，学术研究的重点，逐步由非遗保护研究向着非遗本体研究转移和过渡，而非遗本体研究的深度开展和成果的积累，乃是非遗学科走向成熟，同时也是非遗保护工作的提升和可持续发展所必须的。

民间文化与非物质文化遗产的学术辨析

刘　勍：中国民族民间保护工程涵盖了我国各民族的神话、音乐、舞蹈、戏曲和手工技艺、节日活动等方方面面的内容，使我国的民间文化得到了保护。请您给我们讲讲我国的民族民间文化和舶来概念非物质文化遗产之间的关系和联系。

刘锡诚：新中国成立以来，特别是改革开放 40 年来，我国学界和官方文件中，"民间文化"或"民族民间文化"这两个术语得到普遍采用。但总的说来，在这个术语的使用上显得颇为混乱，常常与"民俗文化"混用。1985 年 5 月 26 日，全国政协文化组、中国民间文艺研究会、中国社会科学院少数民族文学研究所联合在京召开"保护民间文化座谈会"，许多知名学者发表了意见。钟敬文发言说："在文化比较发达的国家中，大都存在着两种文化，一种是上层文化，另一种是下层文化。后者即'民间文化'。这种文化广泛地存在于一个国家或民族的人民生活中。她是民族文化的基础部分。"2004 年 4 月 8 日《文化部、财政部关于实施中国民族民间文化保护工程的通知》附件《中国民族民间文化保护工程实施方案》中，对"民间文化"（民族民间文化）的含义是这样解说的："我国是一个历史悠久的文明古国，56 个民族在长期的历史发展进程中，不仅创造了大量的有形文化遗产，也创造了丰富的无形文化遗产，包括各种神话、史诗、音乐、舞蹈、戏曲、曲艺、皮影、剪纸、雕刻、刺绣、印染等艺术和技艺及各种礼仪、节日、体育活动等。中华民族血脉之所以绵延至今从未间断，与民族民间文化的承续传载息息相关。"这大概是目前所能找到的最正式的"民间文化"解说了。

为建立我国"文化遗产日"，国务院下达的《关于加强文化遗产保护工作的通知》，对"非物质文化遗产"做出了政府立场的表述："非物质文化遗产是指各种以非物质形态存在的与群众生活密切相关、世代相承的传统文化表现形式，包括口头传统、传统表演艺术、民俗活动和礼仪与节庆、有关自然界和宇宙的民间传统知识和实践、传统手工艺技能等，以及与上述传统文化表现形式相关的文化空间。"显然，关于"非物质文化遗产"的这一国家表述，基本上是移植了和认同了联合国教科文组织 2003 年 10 月 17 日的《保护非物质文化遗产公约》的定义。《公约》中还补充规定了非物质文化遗产所包括的范围是："1. 口头传统和表现形式，包括作为非物质文化遗产媒介的语言；2. 表演艺术；3. 社会实践、礼仪、节庆活动；4. 有关自然界和宇宙的知识和实践；5. 传统手工艺。"

对照民间文化和非物质文化遗产研究，我们发现，我国以往惯用的"民间文化"或"民族民间文化"，与联合国教科文组织所创立、我国已接受采用的"非物质文化遗产"这两个术语及其含义之间，并不能简单地画等号，二者之间是存在差异的。非物质文化遗产所包括的范围中的第3点——"社会实践、礼仪、节庆活动"，第4点——"有关自然界和宇宙的知识和实践"，即联合国教科文组织的《公约》中所说的"文化空间"，我们过去说到"民间文化"时，一般是不包括在内的。

传承与传承人

刘　勍：您曾写过以传承或者以传承人为题的多篇文章，您为何对这个主题感兴趣？您是怎么理解传承和传承人的？

刘锡诚：非物质文化遗产保护的关键和核心，是对传承人的保护。这个观念是在多年来的保护工作实践和理论研究中逐渐形成和逐渐被认同的。

非物质文化遗产的基本传承方式是口传心授，通过这种方式在一定范围的群体，比如族群、社区、聚落中得到传播和传承，绵延不绝，世代相传。现代人所掌握的非物质文化遗产，基本上是通过口传心授而习得，从而传递，并在社会群体中约定俗成的；也有些事象和项目，因受到历代文人学者关注，从而根据老百姓的口传而记录下来，为史籍所载，如笔记小说中所记载的传说故事，但那毕竟是很有限的。

非物质文化遗产主要是农耕文明条件下，都是以口头和记忆的方式在民众群体中得到保存和传播，一传十、十传百地传授给他人，传递给下一代，给民众带来知识的提升和补充、道德伦理的教育、社会秩序的规范、高尚精神的满足和审美的愉悦与快感。虽然一般说，非物质文化遗产是由个别杰出的传承人所传承和传递的，但要补充指出的是，有些非物质文化遗产，比如庙会、歌会、节庆、游艺等，其传播和传承，通常也许并非全都是由某一个传承人所为，而为群体所习得，群体所传承，甚至变成了集体潜意识行为。所以研究非遗，就要研究其传承。

非物质文化遗产传承有两种传承模式：群体传承和传承人传承。传承人是非物质文化遗产的重要传承者和传递者，他们掌握并承载着比常人更多、更丰富、更全面、更系统的非物质文化遗产的知识和技艺，既是非物质文化遗产的"活"的宝库，又是非物质文化遗产代代相传的代表性人物。对传承人的保护，是非物质文化遗产保护工作的关键所在。

刘　勍：我认为传承也是一种非遗的保护方式，那您给我们讲讲怎么保护传承人，有什么政策和方法？对更好地保护传承人，您有什么意见建议？

刘锡诚：自 2006 年起我国开始着手建立非物质文化遗产名录，十多年来，已经初步建立起了由国家级、省市级、地市级、区县级四级名录构成的名录体系。通过各省申报、专家评审、评审委员会认定、社会公示、部际联席会议协商，截至 2014 年文化部公布了四批国家级非物质文化遗产名录的名单。进入各级名录的非遗项目，就成为在国家层面上受到保护的非遗项目。我国已公布各类非遗产项目代表性传承人 1986 名。2017 年 12 月 29 日，国家刚刚公示了第五批传承人推荐名单，共 1113 人。

文化部于 2006 年 11 月 2 日公布了一个专题性的文件——第 39 号部长令，颁发《国家级非物质文化遗产保护与管理暂行办法》，其中第十二条对国家级非物质文化遗产项目代表性传承人的认定标准、权利、义务及管理作出了具体规定；2008 年 5 月 14 日颁发的第 45 号中华人民共和国文化部令，公布了《国家级非物质文化遗产项目代表性传承人认定与管理暂行办法》，对如何保护传承人进行了规定。两项规定内容，是对国家认定的项目代表性传承人的基础性保护措施。

在现实中，传承和更好地传承遇到了很多困难，比如传习活动的场所的问题，不同的地区和不同的项目是颇不相同的，农村与城市又有所不相同。农村的问题相对更加突出。许多项目至今没有解决活动场所问题，没有活动场所，传承者的传习职责就无由实现。当然也有些解决得好的地方。据我所知，江苏省常熟市白茆村建立了一个白茆歌厅，田歌和故事传承人和爱好者可以在歌厅里活动，也可以在此举办展览活动。贵州黔东南州雷山县西江苗族千户大寨设立了一个"文化传承活动基地"，可供培训青年和少年接班人之用。城市里的许多项目，特别是手工技艺项目，过去都有工厂，现在大多从属于公司或集团公司，有自己的专用工作室。一般说来，相对于农村，城市里的项目代表性传承人的传习活动，条件较好些，但也不是没有问题。我们在北京最早碰到的问题，是国家级项目聚元号弓箭制作技艺，由于传承者杨福喜是从出租车司机行业转回来重操旧业弓箭制作，就在楼房的单元住室里开了个小作坊，空间狭小，只能自己做工，而没有条件接待客户、开展其他活动，包括带徒弟，朝阳区文委给帮助解决了活动场所。湖北省宜昌市夷陵区故事村下堡坪的项目代表性传承人刘德方，生活条件较差，连老婆都找不到，区里为他在城里安排了住房，并帮他找了个对象。但他离开了下堡坪的老乡，也就是说离开了他土生土长的村落和故事传播传承的土壤，其传习活动如何继续开展下去，多少令我们感到一些忧虑。

还有传承人的管理问题，每年年底要向国务院文化行政部门报送省辖区内的国家级传承人的情况，当然包括传承人生存生活情况、项目传承的情况。比如，口头文学讲述者的演述内容、场次、受众情况等；表演艺术形式传承者的表演场次、传承情况和培训后继者的情况；手工技艺传承者生产制作情况、传习活动的情况、后备军培养情况等；传统医药传承者对其诊疗或制药技艺和培训后继者的情况。这些有助于行政部门对传承人的传承情况进行监督和评估，当然也有助于帮助传承人解决他们面临的问题。

还要补充的是，国家级的传承人是在地管理，所以地方文化行政主管部门，如省市、地市、区县的文化行政主管部门，也应建立起完善的国家级、省市级、地市级、区县级四级传承人档案。建立国家级非物质文化遗产项目传承人的个人专题档案，是对传承人进行完善保护的重要方式之一。传承人的档案，至少应包括

《国家级非物质文化遗产项目代表性传承人认定与管理暂行办法》第十三条中规定的一些材料：该项目完整的项目操作程序、技术规范、原材料要求、技艺要领等；项目传承计划和具体目标任务及其执行情况；收徒、办学，开展传承工作，传授技艺，培养后继人才的情况；参与展览、演示、研讨、交流等活动的情况；向所在地文化行政部门提交的项目传承情况报告副本。属于口头文学、表演艺术形式、民间美术等类别的非遗项目，还应包括其讲述和表演的项目的文本记录，传统美术作品的照片或光碟这类基本的项目资料。

在管理和保护传承人方面，国家做了很多工作。首先是传承人的认定工作，至今一共推荐认定了 5 次。其次，是国家级传承人的抢救性记录工作，分批逐步对国家级传承人开展记录。此外还有"中国非物质文化遗产传承人群研培计划"，2015 年 11 月，文化部联合教育部印发了《关于实施中国非物质文化遗产传承人群研修研习培训计划的通知》，正式在全国范围实施。

我认为，政府主管部门和保护主体还应进一步加强这方面工作的倡导和开展。建议不妨有明确的规定，譬如，已被命名为国家级、省级项目代表性传承人的传承者，每年至少应参加多少次公益性的表演或传授活动，使他们的传播和传习活动融入社会、融入生活、适应时代。传承人开展和参与日常的传承活动，参加各种展演活动，也是他们提高修养、锻炼业务能力的一种机会，因而也被视为是对传承人实行保护的措施之一。我们现在更多要关注"非遗"传承人的老龄化，每年都有老一辈的传承人告别人世，必须重新认定新的传承人来接替。

我国非遗保护的另一条战线，作为国家哲学社会科学基金特别委托项目，中国民间文艺家协会实施的"中国民间文化遗产抢救工程"，经过调查，于2007年6月3日认定了166位"中国民间文化杰出传承人"。几年来在杰出传承人的研究、传记的写作等方面，做出了可喜的贡献，从2009年起陆续出版的"中国民间文化杰出传承人丛书"，涵盖民间文学、民间艺术、手工技艺和民俗四个非遗类别，成为"中国民间文化杰出传承人"领域里至今唯一一套口述史性兼评传性的丛书。

我们是否可以考虑根据能力和可能在传承人的保护方面加大力度，制定出一些必要的项目和可行的办法。我以为，内容至少应包括两个方面：首先，抢救性记录杰出传承人所掌握的非遗资源。20世纪80年代到世纪末，围绕着编纂"中国民间文学三套集成"所进行的全国民间文学普查已经过去30年了。在这30年里，中国社会发生了巨大的变化，包括民间文学在内的民间文化也在社会变迁与转型的影响下发生着或发生了历史性的变化，记录下当下形态的民间文学、民间文艺等非遗文本和影像，即21世纪最初10年的非遗形态，作为时代的见证，而不是继续沉湎在20世纪80年代所记录下来的民间故事、民间歌谣及民间谚语等的遗梦之中；其次，走出狭隘的研究格局，为已经认定的传承人提供或创造条件，帮助他们向年轻一辈的人传授自己的非遗知识和技艺。

非物质文化遗产的学科化动向

刘　勋：我国高校中的非遗研究常放置于人类学、民俗学和民间文学等专业。非遗在我国刚提出的时候，并未设置专门的专业。经历了十几年，不少学者提出了非遗学科化建议的方案，有的大学已经开始开设非遗专业，对此您是怎么认为的？

刘锡诚：世界范围内的非物质文化遗产保护潮流进入我国后，促使我国"文化自觉"有了很大的提高，"文化"理念发生了重大的更新，非物质文化遗产被提升到中华民族精神的基因、国家和民族凝聚力的重要因素，同时，我国的文化政策也出现了重大的调整。实践证明，非遗保护工作每前进一步，都离不开专家学者的参与和指导，而保护工作的顺利进展又反过来呼唤加强理论研究、提升学术水平。各类非遗研究课题的立项和结项、理论学术丛书和个人著作的出版，以及各种相关研究机构的建立，研究队伍的增量和素质的提高，有力地推动了非遗的学科建设。非遗保护和理论研究业已成为非遗保护事业的两翼。

对于我们这样一个文化传统悠久和多民族非物质文化遗产传统异常深厚的大国而言，如果没有一个学术水平一流的、成熟的非遗学科的支撑，仅仅把非物质文化遗产的保护当成一项行政工作任务和考核执政能力的成绩来对待，非遗保护是难以做到"可持续发展"的。

我认为，急需从两个方面做出努力：一是建议由国务院文化主管部门制定一个推进学术研究的规划，在规划的指导下扶植和催生出一批体现 21 世纪第一个十年的生存状况的、符合学术规范的、资料完备的各省区分类非遗大典，比如全国非遗普查的结果，至今尚没有编纂出版。还有一批学术水平较高的支柱性的学术著作。二是要在较为丰厚的学术积累下，博采众长，逐步建构和编制一个合理的学科框架，使保护研究和本体研究齐头并进。

几年前学界就有人发出了建立"非物质文化遗产学"的呼声。这种呼声，令人鼓舞，也令人期待。就我看到的材料，最早出现在正式出版物上印有"非遗学"这个名称的，是陶立璠和日本学者樱井龙彦主编的"国际亚细亚民俗学会理论文库"之一《非物质文化遗产学论集》①。接下来，2009 年 10 月 4 日，中国民间文艺家协会主席、天津大学冯骥才教授曾说："天津大学在'非物质文化遗产学'的学科准备上做了大量工作，力争在三年内将'非物

---

① 陶立璠、樱井龙彦主编：《非物质文化遗产学论集》，学苑出版社，2006年10月。

质文化遗产学'列为国家学科。"① 2010 年 2 月，中国艺术研究院马列所研究员、中国艺术研究院的教授苑利的《非物质文化遗产学》出版。后来苑利撰写的一篇题为《呼唤非遗学》的文章在《人民日报》上发表。苑利提出建立非遗学的两个条件，一是可能性，一是必要性。我想，这样的问题是不用回答的。近年，中山大学招收非物质文化遗产学研究生，湖北美术学院招收"非物质文化遗产研究"方向培养硕士研究生，在社会中有些非大学的研究机构比如中国艺术研究院也开始招收非物质文化遗产保护研究生。

在非物质文化遗产保护与传承规律的研究上，非物质文化遗产学无人取代。综合各方面所得到的信息，建立"非物质文化遗产学"的构想，有的学校已经开始付诸行动。当然，"非物质文化遗产学"学科的成立，可以整合不同类别的非遗的研究，成为一个严整的学术体系，这是众多从事这个新兴专业的人士，也是我所希望的。但现在我们所保护的非物质文化遗产，包括两个部分：一个部分是属于意识形态的；一个是非意识形态的。要建立非遗学，就要找出它们之间共同的东西来，并进行阐释和开掘。应该承认，距离"非物质文化遗产学"的最终确立和被承认，还有很长的一段路程要走。

---

① 新华网天津频道，2009 年 10 月 4 日。

加强非物质文化遗产的理论建设

刘　勍：非遗学科化建设除了学理性的讨论外，还有另一个问题是，非遗研究学术水平的建设和评价。

如何才能更好地研究非遗的万千事项及其深厚的文化内涵？如何与民俗学、文化人类学、艺术学等学科进行学科交叉研究？

刘锡诚：非遗本身是多学科融汇的。以民俗为例，非遗学与民俗学的关系或异同，是近几年来媒体上、学术刊物上持续讨论的一个热门话题。有学者对"政府主导、社会参与"的非物质文化遗产保护的理念、分类，甚至保护模式提出了异议和批评，这在一定程度上引起了公众的注意，也促使人们对非遗和民俗二者的关系和异同作深入的思考。我的拙见是：国家级非遗名录的分类与钟敬文主编《民俗学概论》中所列民俗的类别比较，是很相像的。民俗学的对象列出来，会比非物质文化遗产保护的对象更为丰富一些，其他所有的保护对象基本被民俗学的对象所囊括。

但是，名录里把民俗一类单列了，比如节俗、祭典、庙会与礼仪服饰等，把民俗从民俗学学科中分离出来，颇有深意。

现在出现在国家保护名录上的十大类别，都在民俗的涵盖之下，统统都是民俗，而为什么要把民间文学、传统音乐、民间舞蹈、传统戏剧、传统曲艺、杂技、传统美术、传统手工技艺、传统医药等从民俗中单独独立出来，而在"民俗"类中仅剩下节日、祭典、仪式等寥寥几项呢？

现在的国家级非物质文化遗产名录的分类，把民间文学、表演艺术、手工技艺等各自单列为一类，大体上是根据联合国教科文组织下属的政府专家委员会各国专家们协商的结果，不是哪一个专家或哪一个国家的专家的一己之见。在2003—2004年撰写的《中国民族民间文化保护工程普查工作手册》的调查提纲里，把调查对象分为民间文学、民间美术、民间音乐、民间舞蹈、戏曲、曲艺、民间杂技、民间手工艺、生产商贸习俗、消费习俗、人生礼俗、岁时节令、民间信仰、民间知识、游艺及传统体育与竞技、传统医药。我想，把联合国教科文组织的类别架构中国化，也是未尝不可接受的方案。在联合国教科文组织《公约》中的一些类别，如戏剧、音乐等，若归到民俗中去，怕是不仅会给人以有跑马圈地的感受，而且可能会陷入方法论的误区，给学科建设带来伤害。如昆曲、京剧、一些宫廷和寺院音乐等，已经充分人文化、精英化，并非是普通老百姓的口口相传的非物质文化了。而那些演绎帝王将相、才子佳人的剧目，尽管老百姓也欣赏，但它们毕竟不是普通老百姓的东西。

民俗学把那些在村头地角撂场子演出的广场小戏纳入自己的版图，是题中应有之义；如果把那些已经充分人文化、程式化、精致化了的文人剧目也纳入自己的范围，难道是与民俗学的理念和规范相契合的吗？戏剧界通行的研究模式，即剧本、角色、唱腔、剧场等的研究，与民俗学的研究是一致的吗？回答自是否定的。有什么理由一定要把这类戏剧剧目等都纳入民俗学的版图？还有，传统技艺中的许多内容，民俗学可能有所涉猎，但绝非民俗学的本分，英国的班尼说："民俗包括作为民众精神秉赋的组成部分的一切事物，而有别于他们的工艺技术……"手工技艺不是民俗学的研究对象，却是建筑、冶炼、织造、酿造等不同领域的技艺类非物质文化遗产的保护和研究对象。有什么理由非要越俎代庖地、徒劳无益地把手工技艺、生产技艺这样的非物质文化遗产与民俗学混同，或纳入到民俗学中来呢？至于民间文学（口述文学）单列一类的问题，既来自联合国教科文组织的《公约》，不仅体现了除没有参加《公约》的美国等西方的发达国家外所有签约国的学术理念，也是符合中国的国情和历史文化传统的。

刘　勍：请讲讲您认为学界应该怎样做，才能更好地发展民族民间文化?

刘锡诚：非物质文化遗产保护工作者的队伍，是由两部分人员组成的：一部分是各级文化官员和干部；一部分是民间社团、高校、社科、文艺、中医药等研究机构里的民俗文艺和学术研究者。我认为这两部分人员各有长短，理应取长补短，逐渐整合起来。我很希望我们的民间文艺理论家们，带头冲破多年来形成的把文化等同于政治的意识形态的坚冰。这个坚冰不破，非物质文化遗产的保护工作，就难以在真正科学的意义和真正文化的意义上扎扎实实地向前推进，这项关乎中华传统文化千秋万代地传承下去并发扬光大的民族伟业一定要做好。

非物质文化遗产保护的实践与前景

第八章

非物质文化遗产进校园

刘　勍：据我们了解，非遗的教育已经深入小学，也有部分纳入中考的艺考。您是如何看待现在施行的"非遗进校园""非遗进课堂"活动的？您认为这种模式是否可行？您的意见和建议是什么？

刘锡诚：非遗保护的方式是多样的，空间是很大的。多年来，我们一直在探索中。早在 2013 年 6 月 13 日，我就在文化部非遗司和中央民族大学主办的"民间文学类非物质文化遗产保护学术研讨会"上发出了"非遗进校园"的呼声。我认为：关于非物质文化遗产的保护，政府和学界提出了种种保护方式，如整体性保护啦，生态性保护啦，生产性保护啦，展演展示啦，师傅带徒弟啦，建立传承基地啦，建立山歌馆、故事馆啦，非遗进校园啦，等等，这些无疑都是行之有效的。我在《"非遗时代"的民间文学及其保护问题》的文章里表达了我的观点。要通过包括进入教材、参加听故事和观摩手工艺等活动、接触和访问传承人等各种可能的方式，让所有的孩子们从小就受到"非遗"这类中国民间传统文化的熏陶和教育，从而提高文化自觉，传承和弘扬中华民族的文化精神。

非物质文化遗产的现代保护方式

刘　勍：现在非遗逐渐开始与文化创意产业、旅游业以及现代商业结合，也引起了许多年轻学者的关注，但得出的结论不尽相同。您是如何看待非遗与现代产业结合的？

刘锡诚：关于非遗与文化产业、旅游产业结合发展的方面，现在还颇有些争议。非遗与其他产业融合发展，我们有成功案例，例如被誉为"黄土地上的一朵奇葩"的甘肃庆阳香包的产业化是一个成功的例子。当地成立了庆阳香包产业集团公司，并在北京组建了庆阳香包绣制品北京销售中心，把家家户户绣制的香包集中收购起来，通过代为销售等商业运作传递到世界各地。香包既是工艺美术制品，又饱含着民族文化象征隐喻，把祝福带给了祈求幸福的人们。

还有一个案例，我曾经读到《福建省非物质文化遗产工作简报》上发表的《（福建）全省农村非物质文化遗产保护产业化发展研讨会在福州召开》的简要报道，给我们提供了材料和信息。报道说："会议指出：合理利用非物质文化遗产，发展文化产业是非物质文化遗产生产性保护的一个重要手段。在福建现有的省级非物质文化遗产名录中，一些有条件的、有一定产业基础和市场规模的项目，已探索出一条适应市场规律的经营机制，实现新型的传承发展。还有一部分已具备开发性利用条件的农村非物质文化遗产项目的发展，面临经费投入不足，研发力量薄弱等困难，陷于发展的瓶颈。"另外，在福建已经有较成熟经验的农村"非遗"项目有：寿山石雕、安溪铁观音、莆田木雕等6个项目；而福州软木画、宁德霍童线狮、永春纸制画等虽有潜力，但遭遇发展瓶颈。可惜，我没有看到具体材料。

农村乡民社会"非遗"的生产性保护，乃至产业化探索方面，我于2008年对河北蔚县剪纸及剪纸企业曾做过一次调查，并撰写过一篇《"活态"保护的一种模式》的调查报告式的文章，以蔚县主要是以南留庄镇单堠村高佃亮、高佃新两兄弟的剪纸厂的兴衰为例，提出和阐述了"作为非物质文化遗产之一的传统剪纸（刻纸）艺术，如何在现代生活环境下增强自身适存性和可持续发展的问题"。剪纸／窗花在旧时代就依赖于民俗节庆和农村市场，这是有传统的。现在情况变了，不仅在当地有市场，还出现了外销的市场。因此，我肯定地提出"窗花／剪纸产业化是新时代的产物"。高氏兄弟依托该厂的人才和技艺优势，培养出了上百名剪纸技术人才，带动和辐射周边三个村成为剪纸专业村、120户农民脱贫致富。我认为把传统的个人创作模式转换为文化产业模式，是"活态"保护非物质文化遗产思路下的一种可供选择的模式，当然并不是唯一模式。

在与文化产业、文化创意产业结合方面，有些项目是以物质为依托的手工技艺类"非遗"项目，如北京市崇文区所拥有的雕漆、玉器、珐琅、象牙雕刻、骨刻、料器、花丝镶嵌等，其制造过程本身就是生产，采取生产性保护方式是题中应有之义，同时，也必然要通过商业性运作而为民众所认同，从而产生利润。在这方面，到目前为止，各地所取得的经验，并非已经很成熟了，或者说，摆在我们面前的路还很长。我们不妨看看国家级"非遗"名录的一些项目目前的处境，吸取经验。

例如，作为第一批国家级"非遗"名录中的苏绣，在市场化道路上已有所开拓。过去，苏州刺绣研究所手工制作的苏绣，一直走的是纯艺术化的道路，只创作而基本不面向大众销售。2006年，他们首次参加深圳的文博会，把参会当作进入市场的一次试探，结果出乎意料，现场订单如云。到2007年文博会，他们把展场扩大了3倍，达720平方米，并带去了最经典的作品。如今，又适应市场需求，推出了时尚服饰系列、床上用品系列等，走入寻常百姓家；同时苏绣也走出国门，到欧洲等国家展览宣传，市场越做越大。他们面向市场的服饰系列、床上用品的试水之举，是否成功，还要取得专家和百姓两方面的认同。2009年11月，我参加文化部组织的"非遗"督查组，在苏州市镇湖街道考察时，实地采访了苏绣国家级传承人卢福英，参观了她的刺绣艺术馆及展品，她的绣品成为国家和政府的外事礼品和外国的收藏品，基本上不存在销路的问题。

但是，同时我们要注意一个问题，就是在讨论"非遗"产业化的时候，我想，我们不应该忘记历史上的一些教训。在 20 世纪五六十年代，许多行业的手工艺作坊并入合作社，继而并入国营工厂，由于计划、市场、资金和材料、人员和工艺等种种外在原因，使许多传之既久、独具特色、卓尔不群的手工技艺，在历史的烟尘中支离破碎了、传承人改行和技艺断档，有的甚至湮没无闻了。从计划经济体制转制以来，好多工厂破产倒闭，人员流散。例如，辉煌一时的北京花丝镶嵌，历史上曾经集中了 14 种传统手工技艺的北京工艺美术厂，于 2004 年 12 月宣布破产，四五百名从事花丝镶嵌制作技艺的人员流失，目前从事这个行业的仅剩下几十人。北京料器制品厂的命运也大体相似，于 1992 年宣布倒闭，后来"百工坊"只有邢兰香一个工作室。前面提到的北京雕漆行业，从 20 世纪 60 年代的国有的北京雕漆厂，到 21 世纪之初的个人雕漆工作室，所走的其实就是从产业化退回到手工业作坊的道路。倒退不是耻辱，而是历史给予我们的一种聪明的选择。如今政府着手启动非物质文化遗产保护工作，不得不重新整合力量，有些甚至要从头做起，恢复早已失传了的项目和技艺，重新培养新的传人。

刘　勍：还有一些非遗项目具有表演性质，应该怎样更好地保护？

刘锡诚：与现代产业结合的保护，主要涉及非物质文化遗产的"传统技艺"类，部分是"民间美术"类，这两类"非遗"之外的其他类别，如民间文学、表演艺术、体育竞技、民俗等，没有涉及。没有（进行商业化）涉及，并不等于这些方面不存在值得探讨的问题。

　　还有一种非遗，是具有表演性质的，与旅游开发联系比较密切。据我所见，这种表演性的演出，大体有两种情况：一种是一些文艺单位或公司，以"原生态"为名，把农村里的一些民俗艺术传承者——歌者或舞者抽出来，对他们所演唱和表演的节目加以改造和"提高"，甚至让他们到城里的大舞台上演出。一种是出于增加本身经济收入的考虑，村寨把自己的民俗文艺当成商品，将其脱离开生存环境而为招徕游客而循环往复地表演。两种情况相比，后一种情况，村民的民俗艺术虽然脱离了其生存环境和其社会功能遭遇了异化，原本与生活和信仰紧密关联着的歌唱或舞蹈——民俗仪式，被赋予了商品的属性，参与演出的村民也因而发生了角色的转化或异化，但毕竟作为民俗艺术的形态还没有遭到很大的破坏；而前一种情况，则完全脱离了民众的日常生活和文化生态，不同程度地丧失了民俗艺术的朴真性，而完全变成了商品。凡此种种，当然不能都算到"遗产"的账上，但"传承"意义的"强制性"隐退，使得在保护方向上出现了普遍性的误导，与政府和学界保护非物质文化遗产的本意越来越远，却是无法否认的、急需下重药诊治的时代病。

非物质文化遗产保护的工作方法

刘　勋：我国开展非遗保护工作的十几年中，针对非遗项目开展了很多专项工作。例如非遗进行抢救保护、口述访谈、开展申报工作、研培计划等等。那么，您能否谈谈您对这类工作方法的看法，以及您的意见？

请先谈谈您认为非遗保护取得了什么成绩？

刘锡诚：多年来，我国的非遗保护工作取得了足以令人自豪的成绩。首先，我国文化主管机关的文化理念有了很大的转变，亿万普通民众保护非遗的"文化自觉"有了很大的提高。其次，以《非遗法》的颁布为标志，我国的非遗保护进入了依法保护的新的历史阶段。具体的成就，大致表现在四个方面：第一，截至2017年底，我国已经评审通过并经国务院批准了四批国家级非遗名录①；第二，与国家级保护项目相适应，通过地方申报、评审认

---

① 共计1372项（第一批，518项；第二批，510项；第三批，191项；第四批，153项）。

定、国家审批等手续，我国目前已拥有各类国家级非遗项目代表性传承人 3068 名[①]；第三，目前我国已设立了 21 个国家级文化生态保护实验区；第四，截至 2018 年，我国现在共有 40 个项目列入联合国教科文组织非物质文化遗产名录，其中"人类非物质文化遗产代表作名录"32 项，"急需保护的非物质文化遗产名录"7 项，"非物质文化遗产优秀实践名册"1 项。

如果说成绩的话，我国政府开展的非物质文化遗产保护工作，初步建立起了一套保护体系，我认为这些方式值得肯定：

第一，对非物质遗产进行全面普查、确认、登记、立档，并在普查的基础上建立国家级、省市级、地市级、区县级四级非物质文化遗产名录体系，可以说已经建立起了一个保护系统，在国家的层面上得到了保护。每个项目都由申报的单位作为保护主体，以整体性保护为总的保护原则，以保护代表性传承人为重点，帮助他开展传承活动，务使这些项目能够传承下去。相应地，认定了国家级项目代表性传承人。

第二，保存与保护并举。我国 2011 年实施《非遗法》，《非遗法》中把"保存"和"保护"并列于一条之中，作为国家对待非物质文化遗产进行保护的两种方式。无论作为政府方略，还是作为实际工作，"保护"对于我们来说，已是耳熟能详、无须辞费的了；而"保存"，却一向未予重视，认识上尤其不足，将其

---

① 共计 3068 人（第一批，226 人，2007 年；第二批，551 人，2008 年；第三批，711 人，2009 年；第四批，498 人，2012 年；第五批，1082 人，2018 年）。

列入《非遗法》中，其理论指导意义和实践操作意义，并非可以忽略的。当今我国所处的是一个全球化、现代化、信息化、城镇化的时代，社会的急剧转型及其带来的深刻的社会变化，包括生存环境和人文环境的巨大变迁，给非物质文化遗产带来的冲击力度是前所未有的，在总体衰微的趋势下的"非遗"，一部分仅以口传为生存方式而不以物质为依托的项目，如口头文学、传统小戏、传统曲艺等，或日益脱离了民众日常生活需求的项目，遭遇了濒危困局甚至灭顶之灾。这一衰减趋势，已为实际的发展现状所证明。

对待群体创作与世代传承，而如今呈现出衰微趋势，特别是那些遭遇传承困局、生命脆弱的非物质文化遗产，用"生态性保护"或"整体性保护"作为唯一保护模式，也许难以达到预期的保护效果，甚至在一定程度上是盲目的。对这类的非物质文化遗产，必须不失时机地以笔录、音像记录、数字化等手段将其记录下来，予以出版，比如纸质图书、电子书、音像制品、数字化数据库，并存档，方便更多的读者阅读、鉴赏、参考、传播和研究，从而使其传之久远。"记录保存"就成了保护工作的重要的选择。回想多年前，联合国教科文组织政府专家委员会前负责人、已故芬兰学者劳里·航柯，生前来我国实施中芬文化协定，与我国学界开展学术交流，共同到广西三江进行田野考察。那时，他就曾极力推行将现在还"活"在人民口头上的民间文学作品记录下来，印制成书，以其"第二生命"供更多的读者阅读和传播的保护理念。事实上，历史上的许多优秀的、脍炙人口的民间文学作品，现代已经不在今天的民众口头上流传了，然而我们却可以在书本上和文献中读到，我们根据这些记载了解已经逝去了的那些时代的历史风云和社会风貌，也可以从这些作品中得到艺术的享受和审美的熏陶。这就是"记录保存"所带来的文化功效。《非遗法》中规定，对非物质文化遗产实行"保存"，是国家文化主管部门的责任，而要实现"保存"，就要依靠国家对非物质文化遗产的"认定、记录、建档等"这些措施。

第三，项目代表性传承人的认定和保护。非物质文化遗产的传承与延续，主要靠的是传承者的口传心授，代代相传。大部分的类别，如民间艺术的多种表现形式、手工技艺、中医中药等，大多靠传承者传给下一代。民间文学中的一部分、民俗与节庆、庙会歌圩等，则靠的是群体传承而得以延续。所以，非物质文化遗产的保护，说到底，是对传承人的保护。一方面，要给杰出的传承人创造适宜传承的社会条件，要对传承人予以资助和扶持，并且帮助其建立培训基地和师徒关系，建立合理可行的传承机制；另一方面，要为非物质文化传承创造条件，如北京的传统香会"老会"遍布城乡，在城市建设规划中，失去了活动的场所，政府就应为它们创造条件，或与开发商沟通，给他们开辟活动的场地，使香会中的"老会"能够继续生存和发展。

第四，国家非遗保护，实行"项目代表性传承人"制度。"项目代表性传承人"的概念，是指进入国家级名录的非遗项目的保护单位，其是保护主体，在这个保护单位中确定代表性传承人。应当承认，"项目代表性传承人"的认定和确立，以及形成制度，是符合中国国情的，是中国非物质文化遗产保护工作的一个创造。

几千位非遗"项目代表性传承人"是我国民间文化的一笔巨大的财富。对这些人物，国家及地方虽然已采取了若干有效的措施予以承认和帮助，但还没有提升到应有的水平和高度。杰出的非遗传承人或大师，理应如科学家、作家艺术家、教师等一样，享有同等的地位和尊重，但事实却并非如此，这些传承人或只是在一部分人中，或只在民间文化圈子里得到重视，而在全国文化界仍然没有得到应有的尊重和应有的地位。这从一个方面反映了非遗的地位。从各级政府和保护中心的工作方面来说，这些非遗项目代表性传承人的基本资料和动态管理，虽然做了一些事情，但也还存在着较大的缺陷。可见，传承人至今仍然没有走出自生自灭的处境。

第五，建立文化生态保护实验区。文化生态实验区的建立，是对非物质文化遗产进行原生态和整体性保护的一种尝试。20 世纪 80 年代，我们曾有过一些尝试，不过，那时还没有"文化生态保护区"这样的专有名词。譬如，我们发现并命名了几个"故事村"。"南有伍家沟，湖北省十堰市丹江口市。北有耿村，河北省藁城县。"已为海内外所熟知。后来又发现了重庆市的走马镇。这些故事村，都是文化保护区的性质。后来这些村子，都进入了第一批国家级非物质文化遗产名录，成为国家认可的非物质文化遗产的保护区。20 世纪 90 年代末和 21 世纪以来，有的基金会、非政府组织……先后在我国西南少数民族地区建立了一些尝试性的保护区或保护点，如贵州的四个古村落的生态博物馆：六枝特区梭嘎苗寨、花溪区镇山村布依村寨、锦屏县隆里古城（汉族）和黎平县堂安侗寨为中心的生态博物馆。在文化生态保护区，受保护地区的民众的生活，已经得到了很大的改善，但能否使该地区的民族文化传统得到有效保护，沿着自己固有的传统向前发展，看来仍然还不能得出乐观的结论。2007年上半年，文化部和福建省共同论证了并已于第二个文化遗产日宣布，建立闽南文化生态保护区。闽南文化生态保护区是指在福建泉州、漳州、厦门三地所辖区域中，采取有效的保护措施，建设一个非物质文化遗产和物质文化遗产相依存，与人们的生产生活密切相关，与自然环境、经济环境、社会环境和谐相处、协调发展的文化生态区域。建立文化生态保护区，显然是希望能在一个较大的、非物质文化异常多样而复杂的文化区域的范围内，在非物质文化遗产的整体性、原生性保护方面取得成功的经验。文化生态保护区建设工作从此启动。政府要求文化生态保护区坚持"保护为主，抢救第一，合理利用，传承发展"的方针，在保护实践中努力探索，正确把握好保护传承与合理利用的关系，以求在保护区内做到文化的整体性保护。

时任文化部部长王文章先生说："建立文化生态保护实验区，是我国探索科学保护非物质文化遗产的一种重要尝试，也是我国文化建设工作的一项创举，有利于推动区域内非物质文化遗产的保护和传承，维护区域内文化生态系统的平衡和完整，增强区域内人民群众自觉参与文化遗产保护活动的文化自觉，增强民族凝聚力，促进当地经济社会全面协调和可持续发展，有效推动文化

遗产保护、文化创新和发展，对培育社会主义核心价值观、全面
贯彻落实科学发展观具有重要意义。"我想这番话可以阐明其意义
和重要性。

非物质文化遗产的国外保护经验

刘　勍：您作为学贯中西的学术大家，参与过多部苏联著作的翻译工作。您认为国外的非遗保护经验是否值得借鉴？以及在借鉴国外非遗保护经验时，我们坚持的原则是什么？您有什么心得？

刘锡诚：年轻时，我一度从事过翻译工作，对外国的民间文学及其研究比较注意，也多少翻译了一些东西。后来，随着工作重心的变动，对外国的民间文学以及现在联合国教科文组织提倡的非物质文化遗产保护，很少关注了。这些年值得一提的是 1986 年根据中国芬兰文化协定在广西三江侗族自治县六个点上进行的中芬民间文学联合调查及在南宁举行的学术研讨，对我们学界产生的影响。中芬民间文学联合调查及学术研讨，芬方帮助我们培养了干部，带给我们新的学术理念，即"田野调查"和"参与观察"这两个理念。在民间文学保护上，劳里·航柯要求我们忠实地记录百姓口传的民间文学，让民间文学以"第二生命"代代传承下去。作为联合调查与学术研讨活动的秘书长，我受劳里·航柯的理论观念的影响较深，我不仅策划和参与这次联合调查的全过程，而且写了《中芬民间文学联合调查与学术活动总结》，编了《中芬民间文学搜集保管学术研讨会文集》①。

在民间文艺保护策略上，我以为，保护非物质文化遗产的核心不外两点：一是保持和守护住千百年来民众以口传心授的方式创造和传播的文化及其传统，从而弘扬和发展民族的文化；二是既要吸收外来文化优秀的东西，又要遏制外来的强势文化对本土文化的吞噬与覆盖。我国民众所创造和传承的非物质文化遗产，反映了我国人民的宇宙观和价值观，历史观和审美观，是中华文化传统的宝贵财富。我们这一代人的使命就是，保护好我们所拥有的不同表现形式的非物质文化遗产，如此，既有利于以亚洲为主体的东方文化传统的复兴和传播，也有利于保持世界文化的多样性生态。在非物质文化遗产的保护上，除了各国政府强有力的举措外，非政府组织也有很多事情可做，尤其是专家的作用。同时，亚洲各国和各地区携手合作，也是时代赋予我们这代人的使命。

跨境而居的民族的非遗保护就是一种很好的保护模式。在这方面的国际合作，此前已有成功的例子。2005 年 12 月中国和蒙古国联合申报的"蒙古族长调民歌"已列入人类非物质文化遗产

---

① 刘锡诚：《中芬民间文学搜集保管学术研讨会文集》，中国民间文艺出版社，1988 年。

代表作名录、2008 年至 2009 年中蒙保护蒙古族长调民歌联合田野调查分别在蒙古国和中国境内展开，为联合保护工作做出了开拓性的努力。这样的合作，在亚洲其他地区，如东南亚和东亚也有。人所共知，在亚洲，有许多古老的非遗"原型"或"母题"，以及如今还存世的"活态"非物质文化遗产项目，是跨境而居的民族不同支系所共有的。例如，居住在中国云南的哈尼族和居住在缅甸东北部、泰国及老挝北部的阿卡人，他们的迁徙史诗《雅尼雅嘎赞嘎》就是这个跨国而居的民族的不同支系所共有的非物质文化遗产。我想，如果相关各国的政府机构和学者们能就中国的哈尼族和缅甸、泰国与老挝的阿卡人的迁徙史诗项目合作进行一次全面的调查，帮助这些民族或地区制定比较完善的保护计划，将是一件造福于这个民族和挽救这个濒临失传的非遗项目的大好事。在这些方面，各国非物质文化遗产保护官员和学者之间合作的必要性与合作的空间，无疑是很广阔的。

2011 年 10 月 11 日，中国政府在重庆市主办了"亚洲文化论坛——10+3 主题会议"，我在会上作了题为《亚洲应携手合作保护东方文化传统》的发言，呼吁亚洲各相关国家对"同胞配偶型洪水神话"这个起源和流传于中国大陆南部诸民族和南亚诸岛国的同一母题的人类起源神话携手合作进行保护。亚洲是一片古老的大陆，在古代，亚洲人民就创造了灿烂的文化，对世界经济的发展做出了重要的贡献。只是 16 世纪以后，西方殖民主义和帝国主义相继侵入，许多国家和地区先后沦为殖民地和半殖民地，经济遭到了严重摧残，民族文化遭受到西方文化的冲击或侵蚀，致使许多国家和地区长期处于贫困落后的状态。20 世纪七八十年代后，亚洲走上了内部调整和外部合作的转型之路。亚洲国家和地区对其他亚洲国家、民族和地区的非物质文化遗产的了解，远远少于对西方，特别是欧洲非物质文化遗产的了解。其原因，无非是若干世纪以来西方殖民主义者的侵犯和占领，将其变成自己的殖民地和半殖民地，向亚洲国家宣传和推销西方文化，从而导致了亚洲各国对自己国家的非物质文化遗产的价值认识不足，保护和宣传不得力。然而对于任何民族来说，其根文化毕竟是强国之本，要守住亚洲文化的光辉传统，复兴和弘扬亚洲文化，增强亚洲文化的软实力，保护亚洲的非物质文化遗产应该是亚洲各国政府和民众的重要使命。

非物质文化遗产保护的难点和措施

刘　勃：非遗保护和文物保护、古建筑保护等其他文化遗产保护有明显的区别。非遗除了要保护、记录之外，还要实现活态传承，在具体工作中还要准确界定传统知识和传统文化表达，以及如何恰当地立足本土保护当地的文化遗产，都是亟待解决的难点。那么，您认为我国现在非遗保护工作最大的难点和问题是什么？

刘锡诚：先要说如何保护就得先说衰微原因。对于我国来说，导致非物质文化遗产渐趋式微的原因固多，也很复杂，但最重要的是：

第一，农耕文明生产方式的衰落以及宗法社会家庭和人伦制度的衰微是导致非物质文化遗产衰微的根本原因。民间文化、非物质文化遗产，在史前时代就滥觞了，而大量产生和发展繁盛却是耕稼时代的事。中国处于农耕条件下的时间十分漫长，前后有几千年的时间。有学者说：中国进入耕稼时代最早，出于耕稼时代最迟。现代化的急速发展，把自给自足的农业也带入了市场，同时，依赖于农耕条件和与之相适应的宗法社会家族制度、上层建筑领域的人伦观念与价值观念逐渐淡化，甚至被新的生产关系、社会关系、观念所代替，非物质文化遗产生存、传播、传承的基础逐渐变得十分脆弱。

第二，居住和人际关系的问题。农村聚落是非物质文化遗产传承传播的重要载体，村落在 20 世纪 90 年代以来发生了天翻地覆的历史性变革。尽管有学者调查得出的结论认为，全球化的受益者并非是大多数农村及农民，农村受益者只有 30% 左右，全球化、现代化给予农村生产方式的改变以及家族和居民之间的关系的变迁的影响无疑是历史性的。在大城市郊区，农民最先失去了土地，聚族而居的村落，被封闭的大楼单元房所代替，农民变成了准市民，失去了茶余饭后相聚谈天交往的条件。现代化进程所给予农村的影响表现在：大量的青壮年外出打工谋生，村子里只剩下老年人、妇女和儿童，农村的人口结构发生了急剧的变化，非物质文化遗产的传承受众锐减；在传统父权社会、村落、家族的礼俗中，一向处于边缘地位或被排斥状态的妇女，一跃而成为支撑夫家生存掌门人和礼俗执掌者的主要代表者，使原来的宗法家庭的结构和人生礼俗的传承，发生了根本性的变化，而这一变化，从根本上动摇或颠覆了传统的农业社会和父权家族的礼俗制度；电视、电话的普及，信息的快捷与多元，外国的和本国的通俗文化的入侵，改变着青年人的价值取向、知识结构、娱乐趣味，青年人宁愿坐在电视机前观看电视节目，也不再愿意听老奶奶讲故事，不愿意参加老爷爷和老奶奶们的仪式舞蹈。加之非物质文化遗产的文化保守性、区域封闭性等，使传承者得不到经济利益的满足，因而使大量的民众失去了传承的兴趣。

第三，外来文化的强力影响。外来文化的强力影响，导致民族文化重构的步伐大大加快，特别是在一些民族地区。外来文化，既包括毗邻而居的和杂居的汉族和其他兄弟民族的文化，也包括外国的文化，比如最强势的美国文化。外来文化的影响，使以非物质文化遗产为主体的原生文化极大地削弱，在削弱和牺牲本民族或本地区的非物质文化遗产的条件下，形成了多元文化格局。

这些都造成了非遗保护工作的问题和难点，因为很多是无法挽回的，生活环境和方式随着发展也不能改变。我常说保护非遗，保护传承人是关键。但掌握着非物质文化遗产的智者，如少数民族的寨老、师公等传承者，随着年龄的老化或自然死亡，使非物质文化遗产的传承和延续出现了后继乏人的局面。如今我们常听到某某故事讲述者、歌手、工艺大师或技艺大师不幸逝世的噩耗，许多口头传统或技艺，还未及传授便消失无闻，许多著名的国家级代表性传承人先后逝世，使他们所代表的非遗项目因而处于濒危状态或成为绝唱，使国家级非物质文化遗产项目的可持续发展受到了威胁。

生态性保护、整体性保护是政府部门和学者们的理想，但非物质文化遗产的衰微趋势应该说是不可遏制的，至少在民间文学和艺术表演领域里，传承已经遇到了很大的困难。随着现代生活方式、生活观念、信仰趋势、信息来源等的变化，青年人不再像他们的前辈那样，满足于听民间故事、看草台班子演出的小戏。即使传统意义上的非遗项目还在继续，如说听民间故事和表演艺术的项目，趋同化和简约化的趋势也在日渐加剧。我们痛感到已经无法再回到20世纪八九十年代"十大文艺集成志书"的年代。事实教导我们，要赶紧抢救，用手中的笔和现代化工具记录下一切能够记录的非物质文化遗产，使其以"第二生命"流芳于后世。这无疑也是非遗理论工作者的责任之一。

刘　勃：您具体给我们讲讲应该如何克服和解决这些问题和难点？

刘锡诚：对"非遗"的保护，要根据"非遗"项目的特点和性质而采取不同的、适合于该项目的保护方式，而不能照抄照搬，一个方子吃药。我们在保护工作中大致采取了四种保护方式：第一种方式，对传承人保护；第二种方式，抢救性保护；第三种方式，生产性保护；第四种方式，立体的、系统的、整体的生态保护，即建立文化生态保护区。但所有的项目，不论采取何种方式，都应是围绕着传承人的保护，最终都要落实到对传承人的保护上。我们要充分意识到，"非遗"项目是因传承人的存在而存在，没有了传承人，也就意味着传承链条中断，传承链条中断，再妄谈什么"非遗"，都是没有任何意义的。传承人的保护，除了给予现在的代表性传承人资助和提供必要的传承条件外，还包括传承人的继承者的培养。

凡是有重要价值的"非遗"项目，即被列入各级保护名录的项目，就标志着这些项目受到国家层面上的保护，各级政府文化主管部门及由国家确认的保护主体，要分级把它保护好，使它能传承下去、延续下去、发展下去，保持文化的可持续发展和文化的多样性生态，从而惠及子孙后代，给后代留下灿烂的非物质的文化遗产。

　　进入各级非物质文化遗产名录，既是一种荣誉，也意味着是一份责任。无论是对政府主管部门及其办事机构来说，还是对经过政府批准的项目保护主体和项目传承人来说，都是一份责任。十多年来，我国已初步建立起了四级非物质文化遗产名录体系。这四级名录，是国家级、省市级、地市级、区县级。凡进入这四级名录的非遗项目，都受到各级政府的保护，从申报到评审、到批准（准入），从经费到机制，保护体系和制度在逐渐完善。反过来，各级政府（主要是主管部门）的肩上，也加重了一份责任，要对得起民族、民众、民心，也要经得起历史的检验、经得起上级和民众的检查。我们说是初步建立，就是说，还要进一步完善。

非物质文化遗产保护的问题和不足

刘　勃：虽然近年来非遗保护和传承已成为中国传统文化复兴的一个重要标志，但相关问题也接踵而至，其中最为突出是非遗保护的理论准备严重不足，缺少在实地调查的基础上发展和深化的文化研究工作，造成了很多"非遗"项目的盲目上马和资源浪费。

您能谈谈对此类事件的看法以及意见吗？我们应该如何改善？

刘锡诚：我国的非遗保护工作也暴露出了一些问题，包括"重申报、轻保护""以开发代保护"的不良倾向，理论研究滞后、保护工作日益显示出缺乏有力的理论支撑和正确的理念导引。当然，现代社会条件下，有环境的原因，还有工业化和商业化思潮和行为的无孔不入，造成了对非物质文化遗产保护更大的威胁。

前四批国家级名录公布以来，有些地方的文化主管部门、项目申报主体和保护单位，并没有认真落实申报时承诺的保护措施，反而在利益和政绩的驱使下，形式主义、功利主义、经济主义膨胀，"重申报、轻保护""以开发代保护"的倾向愈演愈烈。以保护为名、行经济开发之实的开发式的"保护"实则破坏保护的事件层出不穷，由于一些地方的文化主管部门的不作为和措施不到位而得不到有效制止。对于一些地方的领导来说，申报国家级、省市级、地市级、区县级名录，并不是为了保护，而是为了经济的利益，为了取得一时的政绩。开发商的介入可能为政府的保护提供一定的资金，但他们的出发点和落脚点都是为了赚钱，为了攫取更大的利润。许多地方的旅游性开发，尽管有些企业打着国有企业的旗号，但事情的发展业已证明，他们的目的并不是为非物质文化的传承和保护，而是为了攫取利润。在一些地方出现的表演性的演出，固然不能一概否定，却绝非是保护的正途。

据我所见，这种表演性的演出，大体有两种情况：一种是一些文艺单位或公司，以"原生态"为名，把农村里的一些民俗艺术传承者——歌者或舞者抽出来，对他们所演唱和表演的节目加以改造和"提高"，甚至让他们到城里的大舞台上演出。一种是出于增加本身经济收入的考虑，村寨把自己的民俗文艺当成商品，将其脱离开生存环境而为招徕游客而循环往复地表演。两种情况相比，后一种情况，村民的民俗艺术虽然脱离了其生存环境和其社会功能遭遇了异化，原本与生活和信仰紧密关联着的歌唱或舞蹈——民俗仪式，被赋予了商品的属性，参与演出的村民也因而发生了角色的转化或异化，但毕竟作为民俗艺术的形态还没有遭到很大的破坏；而前一种情况，则完全脱离了民众的日常生活和文化生态，不同程度地丧失了民俗艺术的朴真性，而完全变成了商品。我们在这一类的商业性和非商业性演出中不止一次地看到，为了讨好组织者和取悦观众，来自基层的非遗传承者们常常是盛装华服，浓妆艳抹，脱离和割断了自己民族的文化传统，甚至在编导的误导下，在"高雅""时尚"的诱惑下，做出种种曲解和有损民族文化原真性的表演，使各个民族和地区养成的非物质文化遗产瑰宝，迷失在通俗化、庸俗化、趋同化的浪潮中。

凡此种种，当然不能都算到管理的账上，但"传承"意义的"强制性"隐退，使得在保护方向上出现了普遍性的误导，与政府和学界保护非物质文化遗产的本意越来越远，却是无法否认的、急需下重药诊治的时代病。

非物质文化遗产保护的成绩和未来

刘　勍：您阅历丰富，为我国的民间文学、民族民间文化和非遗保护工作做出了突出贡献，可以说是我国民族民间文化及非物质文化遗产保护工作资历最深的实施者和见证者。

您能总结一下十几年间我国的非遗保护有哪些进步吗？还有哪些问题需要改善？

刘锡诚：我国的非物质文化遗产保护取得了可喜的成绩。先后有几十个"非遗"项目被选为世界人类非物质文化遗产代表作名录和急需保护的非物质文化遗产名录；建立起了国家级、省市级、地市级、区县级四级保护名录和项目代表性传承人名录；建立了 21 个文化生态保护实验区；实施了《保护非物质文化遗产法》……"非物质文化遗产"可以说成了各类媒体的大众词语，堂堂正正地进入了中国文化的"大雅之堂"，而"文化多样性"的理念，已在我国主流社会开始被广泛地认同和接受。

一方面，成绩斐然，另一方面，也有问题产生。如以过度开发为特点的破坏性保护倾向得不到遏制，一些生产性项目放弃手工技艺而转向机械化、系列化、规格化生产的势头愈演愈烈；如重生产性类别的保护、轻口传性类别的保护，使非物质文化遗产的保护工作总体失衡；如以改编和推广优秀遗产为名，而行泯灭民族文化个性之实的倾向；如把"政府主导"变成了政府"越俎代庖"，把"合理利用"变成了"过度利用"，其结果，改变了"非遗"项目的内在嬗变规律，挫伤了民众自觉参与和精心保护的积极性；如热衷于用外力"强加"的方式，如学界批评的某些"生态博物馆"；等等。提高本土民众自觉保护意识的倾向不能揠苗助长，非物质文化遗产保护的主导者政府文化主管部门适时地采取干预措施，使我们的"非遗"保护工作纳入正常健康的轨道。

　　我们国家讲求"和而不同""多元一体"，主要表现在文化上。文化的多样性原则，要求尊重和保护好各个民族文化和各个地域文化的个性，只有保护好了各个民族的文化和各个地域文化的个性，才有中华民族的文化多样性，才有俗称的"和而不同"的文化格局；也就是说，文化的独特个性，是文化多样化的基础，如果没有了文化的独特个性，也就无从谈论文化的多样性。对于那些已经进入四级名录的"非遗"项目，相关的政府主管文化部门和项目保护主体单位或个人的职责，就是要采取措施，使其永葆其独特的文化个性，也就是他们在申报非物质文化遗产名录时向国家承诺的项目的"唯一性"。据报载，某地的"非遗"主管部门要把已经入选"世界人类非物质文化遗产代表作名录"和"国家级非物质文化遗产名录"的"侗族大歌"，正在向其他民族和地区"推广"，这些主持其事的官员如果不是无知的话，也是好心做了错事，他们的奇思妙想，会因为消弭侗族大歌的民族独特文化个性，而把这项优秀的民族文化遗产毁于一旦。

如上所说，理念的悖谬、认识的误区，是产生上述问题和倾向的重要原因。倘发现问题却不能在萌芽状态就得到及时的纠正，而往往是任其发展蔓延，则与制度的不健全不无关系。我们在名录的申报方面已经有了一些可行的制度和经验，如同商品、医药等领域里的"市场准入制度"，却没有真正有效的"非遗""退出制度"，要让那些不按照规律办事、追名逐利（政绩工程、商业利益）、保护不善、使"非遗"遭到损失的项目"下课"，从各级国家名录中退出和负责。在"非遗"保护顺利进展的大好形势下，该是对这些时疫痼疾下几剂狠药治治的时候了。另外，我国处在文化自信和文化复兴的新时代，非物质文化遗产保护，仅仅作为文化部门的任务是不够的，必须让教育部门（教育部）参与进来，担负起保护和弘扬的历史使命。把作为国学之一的非物质文化遗产纳入教材和课堂，让每一个学生掌握非物质文化遗产的本体知识和保护责任。这是国家之大计，民族之大计。

后　记

　　刘锡诚先生是我国民间文化、非物质文化遗产领域著名的专家学者。刘先生尤爱民间文学，他从北京大学毕业进入中国民间文艺研究会（现中国民间文艺家协会）工作后，就投入新中国成立后第一次大规模的民间文学田野调查中。他担任民研会分党组书记时期，对民间文学"三套集成"给予了大力推动。后醉心研究，取得了民间文学、非遗的累累学术成果。

　　能为刘锡诚先生做这本书，是我一直以来的愿望。我和刘锡诚先生的缘分颇深，他是我工作后最早结识的学者。还记得我刚进入民协不久，到刘老师家送"山花奖"物品，得到了刘锡诚老师和他夫人马昌仪老师的亲切接待。刘老师对我这个新入民协的小同志十分关心，问了我许多工作上的问题，还细心地鼓励我进行研究。

　　不久后我就真做起了专业工作。作为《民间文化论坛》的一名小兵，我经常请教刘锡诚先生，他可是从 20 世纪 80 年代就担任《论坛》主编的老兵。刘先生倾囊相授、不厌其烦，长此以往，我有了很大长进。可以说，刘老师是我学术研究的领路人。

刘锡诚先生是一位令我尊敬和佩服的师长。他勤奋研究，笔耕不辍，时时关心学界。他为人质朴，虽年届耄耋，至今常提起家乡山东的民俗轶事，惦记着家乡的文化发展。他一向无私奉献，无论是官员身份还是学者角色，都能响应号召，出色完成任务。他研究了一辈子民间文艺学，晚年作为第一批学术专家应邀投入非物质文化遗产保护中，搞研究、做讲座、当评委……用尽了自己的时间和精力。我印象很深的是，作为非遗保护初期的指导——《中国民族民间文化保护工程普查工作手册》就是他编写的。

2019 年，刘锡诚老师获誉中国文联终身成就民间文艺家，实至名归。如今刘锡诚老师的口述史出版，相信能够展示刘老师的风采一二。喜上加喜。

祝贺我的老师！刘锡诚先生！！

刘　勍

写在出版之际，2020 年初夏